deutsch.ideen

Kulturelles Leben

Schroedel

deutsch.ideen

Kulturelles Leben

Erarbeitet von

Marina Dahmen
Rolf Hasche
Gertrud Schänzlin

Unter Mitarbeit der Verlagsredaktion

ISBN 3-507-**69804**-8

© 2001 Schroedel Verlag GmbH, Hannover

Alle Rechte vorbehalten. Dieses Werk sowie einzelne Teile desselben sind urheberrechtlich geschützt. Jede Verwertung in anderen als den gesetzlich zugelassenen Fällen ist ohne vorherige schriftliche Zustimmung des Verlags nicht zulässig.

Druck A 5 4 3 2 / Jahr 05 04 03 02

Alle Drucke der Serie A sind im Unterricht parallel verwendbar, da bis auf die Behebung von Druckfehlern untereinander unverändert. Die letzte Zahl bezeichnet das Jahr dieses Druckes.

Gedruckt auf Papier, das nicht mit Chlor gebleicht wurde. Bei der Produktion entstehen keine chlorkohlenwasserstoffhaltigen Abwässer.

Satz: More*Media* GmbH, Dortmund
Druck: KLR, Lengerich

Die Kapitel des Themenheftes behandeln jeweils schwerpunktmäßig zwei Lernbereiche. Ein Lernbereich steht dabei im Zentrum des Kapitels.

Umgang mit Texten und Medien	Sprechen und Schreiben	Reflexion über Sprache
1. Schwerpunkt 2. Schwerpunkt	1. Schwerpunkt 2. Schwerpunkt	1. Schwerpunkt 2. Schwerpunkt

Beispiel: 1. Schwerpunkt = Umgang mit Texten und Medien
2. Schwerpunkt = Sprechen und Schreiben

Inhaltsverzeichnis

Weimar – Epochenumbruch 18./19. Jahrhundert

Methoden

Kulturelles Leben in Weimar 8 — Literarhistorische Recherche
Germaine de Staël: Weimar 8
Wohin in Weimar: 18.., Oktober 10
Goethe an J. H. Merck 10 — Reflexives Schreiben

Projektideen Internetprojekt 11

Sabine Appel: Geselliges Treiben in Weimar 12
Sigrid Damm: Christiane und Goethe 13
Christine Brückner: Ich wär Goethes dickere Hälfte 14 — Paralleltexte verfassen
Peter Hacks: Ein Gespräch im Hause Stein 16 — Biografisches Schreiben
Briefwechsel zwischen J. W. v. Goethe und F. Schiller 18 — Rezitation

»Freiheit – Gleichheit – Brüderlichkeit« 20
Christian Friedrich Daniel Schubart:
    O Freiheit, Freiheit! 21 — Expertengruppe
Johann Wolfgang von Goethe:
    Venezianische Epigramme; Xenien 22
Friedrich Schiller: Brief an den Prinzen… 23
Friedrich Schiller: Das Lied von der Glocke 24
Friedrich Schiller: Don Carlos 25 — Thesenpapier
Johann Wolfgang von Goethe: Iphigenie auf Tauris 26 — Analyse des klassischen Dramas
Georg Büchner: Dantons Tod 28
Horst Spittler: Romantik 30 — Brainstorming
Friedrich von Hardenberg:
    »Wenn nicht mehr Zahlen und Figuren …« 31
Friedrich Schlegel: Athenaeums-Fragmente 32
Novalis: Glauben und Liebe 32

Mythos Weimar – Vermächtnis und Vermarktung 33 — Denkmal-Rallye
Karl Carstens: Zum 150. Todestag von J. W. v. Goethe 34
Hans-Joachim Hoffmann:
    Werk und Vermächtnis Goethes 34
Johann Wolfgang von Goethe: Wandrers Nachtlied 36 — Parodie
Johann Wolfgang von Goethe: Urworte, Orphisch 37
Robert Gernhardt: Unworte, Optisch 37
Friedrich Schiller: Würde der Frauen 38
August Wilhelm Schlegel: Schillers Lob der Frauen 38
Epochen der deutschen Literatur um 1800 40 — Wandzeitung

Klausurtraining Dramenanalyse 41

Inhaltsverzeichnis

Wien – Epochenumbruch 19./20. Jahrhundert

Methoden

Hugo von Hofmannsthal; Stefan Zweig;
Heurigenlied; Thomas Bernhard 42 — Lerntagebuch

Stadt der Gegensätze 44
Joseph Roth: Radetzkymarsch 44 — Referat
Felix Salten: Aus den Anfängen 45
Peter Altenberg: Kaffeehaus 45 — Paralleltexte verfassen
Peter Altenberg: Sonnenuntergang im Prater 46
Alfred Polgar: Theorie des »Café Central« 48
Charlotte von Saurma: Nacht der Illusionen 49 — Sachtexte verfassen

Über die Fachgrenzen... Kunst 51 — Epochenbegriffe untersuchen

Traum und Wirklichkeit 53
Sigmund Freud: Die Traumdeutung 53
Sigmund Freud: Brief an Arthur Schnitzler 54
Arthur Schnitzler: Traumnovelle 55 — Leitmotiv
Lou Andreas-Salomé: Lebensrückblick 60
Irvin D. Yalom: Und Nietzsche weinte 60 — Textvergleich
Labor der Moderne 62
Hugo von Hofmannsthal: Der Ersatz für Die Träume 63
Arthur Schnitzler: Episode 64
Ernst Mach: Antimetaphysische Vorbemerkungen 65
Arthur Schnitzler: Leutnant Gustl 66 — Analyse innerer Vorgänge

Kulturkritik und Sprachbewusstsein 68
Hugo Ball: Karawane 68 — Klangcharakter
Christian Morgenstern: Das große Lalula 68
ernst jandl: wien: heldenplatz 68
Hugo von Hofmannsthal: Brief des Lord Chandos 70
Karl Kraus: Die letzten Tage der Menschheit 72 — Sprachanalyse
Robert Musil: Die Verwirrungen des Zöglings Törleß 73
Ödon von Horváth: Geschichten aus dem Wienerwald 74
Ludwig Wittgenstein: Tractatus logico-philosophicus 75 — Konspekt

Projektideen Das literarische Quartett 76
Klausurtraining Analyse eines epischen Textes 77

Inhaltsverzeichnis

Kulturmetropole Berlin – Aufbruch ins 21. Jahrhundert

Methoden

Brigitte Burmeister: Das große Fest 78 — Arbeitsmappe

Berliner Spaziergänge 80
Alfred Döblin: Berlin Alexanderplatz 80
Jakob Arjouni: Fred is in town! 82 — Motiv/Figuren-Vergleich
Irmgard Keun: Das kunstseidene Mädchen 83 — Paratexte
Robert Gernhardt: Erich Kästner – Wiedergelesen 85
Monika Maron: Eigentlich sind wir nett 86
Wladimir Kaminer: Geschäftstarnungen 88 — Schreibanregungen sammeln
Hans Joachim Schädlich: Ostwestberlin 90 — Automatisches Schreiben

Wendeliteratur: Ostblicke – Westblicke 91
Cees Nooteboom: Berliner Notizen 91
Reiner Kunze: Die mauer 91 — Informationsplakat
Helga Königsdorf: Der Geruch des Westens 93
Christa Wolf: Prinzip Hoffnung 94
Volker Braun: Das Eigentum 94
Günter Grass: Späte Sonnenblumen 94 — Exposé
Christoph Hein: Wiedersehen mit ehemaligen Kollegen 96
Ruth Reiher/Antje Baumann: »Wendedeutsch« — Sachtexte lesen und erfassen
Ingo Schulze: Simple Stories 100 — Reflexives Schreiben

Kulturbetrieb und Medienöffentlichkeit 103
Christian Kracht: Faserland 103
Florian Illies: Generation Golf 104 — Paralleltexte verfassen
Gustav Seibt: Aussortieren, was falsch ist 106 — Textdesign
Beat Suter/Michael Böhler: Was sind Hyperfictions? 110
Susanne Berkenheger: Der mausgesteuerte Autor 111
Literarisches Leben heute 113 — Podiumsdiskussion
Lorelies Ortner: Millennium 114

Projektideen Trendwörter 116
Klausurtraining Sachtextanalyse 117 — Leserbrief

Anhang

Methodenlexikon 118 Methodenregister 123 Sachregister 124
Autoren- und Quellenverzeichnis 125 Bildquellenverzeichnis 127
Textsortenverzeichnis 128

Weimar – Epochenumbruch 18./19. Jahrhundert

Anna Amalia von Sachsen
Jean Améry
Bruno Apitz
Achim von Arnim
Johann Sebastian Bach
Bettina Brentano
Carl August von Sachsen
Lucas Cranach d.Ä.
Friedrich Ebert
Johann Peter Eckermann
August Heinrich Freiherr von Fallersleben
Lyonel Feininger
Johann Gottlieb Fichte
Georg Foster
Johann Wolfgang von Goethe
Walter Gropius
Georg Wilhelm Friedrich Hegel
Johann Gottfried Herder
Alexander von Humboldt
Johann Nepomuk Hummel
Wassily Kandinski
Imre Kertész
Paul Klee

Weimar

Friedrich Maximilian Klinger
August von Kotzebue
Jakob Michael Reinhold Lenz
Franz Liszt
Martin Luther
Napoleon
Friedrich Nietzsche
Novalis
Jean Paul
Friedrich Wilhelm Schelling
Friedrich Schiller
August Wilhelm Schlegel
Friedrich Schlegel
Oskar Schlemmer
Johanna Schopenhauer
Madame de Staël
Charlotte von Stein
Rudolf Steiner
Ernst Thälmann
Ludwig Tieck
Christiane Vulpius
Christoph Martin Wieland
Elie Wiesel

○ Machen Sie eine literarhistorische Recherche: Wann und warum kamen diese Leute nach Weimar? Gehen Sie arbeitsteilig vor. Informieren Sie sich in Literaturgeschichten, Lexika oder im Internet über eine oder mehrere Personen. Stellen Sie Ihre Informationen mit Bildmaterial Ihrem Kurs in Form von Infopostern vor.

Kulturelles Leben in Weimar

Germaine de Staël **Weimar (1813)**

Von allen deutschen Fürstentümern macht keines die Vorzüge eines kleinen Landes besser fühlbar als Weimar, wenn sein Oberhaupt ein Mann von Geist ist, der, ohne dass dadurch der Gehorsam aufhörte, seinen Untertanen auch zu gefallen suchen kann. Ein solcher Staat bildet eine eigentümliche Gesellschaft, in der alle durch freundschaftliche Beziehungen miteinander verbunden sind. Die Herzogin Louise von Sachsen-Weimar ist das wahre Muster einer von der Natur zum höchsten Rang bestimmten Frau: anspruchslos und doch ohne Schwäche, flößt sie gleichzeitig Zutrauen und Ehrfurcht ein, und der Heroismus der Ritterzeit hat in ihrer Seele Eingang gefunden, ohne ihr etwas von der Sanftmut ihres Geschlechts zu rauben.

Die militärischen Talente des Herzogs stehen in allgemeinem Ansehen, und seine pikante, durchdachte Unterhaltung erinnert fortwährend daran, dass er von Friedrich dem Großen geschult worden ist. Sein Geist und der seiner Mutter haben die bedeutendsten Schriftsteller nach Weimar gezogen. Deutschland hatte hier zum ersten Mal eine literarische Hauptstadt; da aber diese Hauptstadt nur ein kleines Städtchen war, so hatte sie nur durch ihre geistige Kraft Einfluss, denn die Mode, die allem Gleichförmigkeit verleiht, konnte nicht von einem so kleinen Kreis ausgehen. [...]

Der Aufenthalt in kleinen Städten ist mir immer sehr langweilig vorgekommen. Der Geist der Männer verengt sich dort, und das Herz der Frauen vereist und erstarrt. Man lebt dort so nahe beieinander, dass man sich durch seinesgleichen beengt und gefesselt fühlt. Dort findet sich nicht jene Beurteilung aus gewisser Entfernung, die uns anregt und aus der Ferne wie der Ruf des Ruhms herüberhallt, sondern vielmehr eine pedantische Untersuchung jeder unserer Handlungen, eine Beobachtung der geringsten Einzelheiten, die unfähig macht, das Ganze unseres Charakters zu erfassen. Und je unabhängiger und hochstrebender man ist, desto weniger kann man durch all diese kleinen Gitter Atem holen.

Dieser peinliche Zwang existierte aber in Weimar nicht. Weimar war nicht eine kleine Stadt, sondern ein großes Schloss. Ein ausgewählter Kreis unterhielt sich dort mit regem Interesse über jedes neue Erzeugnis der Kunst. Frauen, liebenswürdige Schülerinnen jener hochbegabten Männer, beschäftigten sich unaufhörlich mit den Werken der Literatur wie mit politischen Ereignissen von höchster Wichtigkeit. Durch Lektüre und Studium nannte man das Weltall sein und entschlüpfte durch die Ausdehnung des Denkens den engen Grenzen der bestehenden Verhältnisse. Indem man häufig gemeinsam über die großen Fragen nachdachte, auf die das allen gemeinsame Schicksal hinführt, vergaß man die besonderen Schicksale des Einzelnen. Man traf hier keinen von jenen kleinstädtischen Zierlingen, die so leicht Geringschätzung für Grazie und Affektation für Eleganz halten. [...]

Die Einbildungskraft, die in Weimar ständig durch die Unterhaltung mit den Dichtern angeregt wurde, empfand dort weniger das Bedürfnis äußerer Zerstreuungen. Diese Zerstreuungen erleichtern zwar die Bürde des Lebens, zerstören aber auch oft dessen Kräfte. Man führte auf diesem Landsitz, den man Stadt nannte, ein regelmäßiges, arbeitsames, ruhiges Leben. Wohl konnte man dessen zuweilen müde werden, nie aber erniedrigte man seinen Geist durch armselige und gemeine Interessen, und wenn man dann auch das Vergnügen entbehrte, fühlte man doch wenigstens nicht seine Fähigkeiten abnehmen.

Den einzigen Luxus, den sich der Fürst gestattet, bildet ein entzückend schöner Garten, und man weiß ihm Dank für diesen populären Genuss, den er mit allen Einwohnern der Stadt teilt. Das Theater, von dem ich noch im zweiten Teil dieses Buches zu reden habe, steht unter der Leitung Goethes, des größten Dichters der Deutschen, und interessiert jeden hinreichend, um jene Gesellschaften zu verhüten, in denen die verhehlte Langeweile offen zutage tritt.

Man nannte Weimar das deutsche Athen, und in der Tat war es der einzige Ort, in dem das Interesse für die schönen Künste sozusagen national war und als verbrüderndes Band zwischen den verschiedenen Ständen diente. Ein aufgeklärter Hof suchte dort die Gesellschaft der Schriftsteller, und die Literatur gewann ungemein durch den Einfluss des guten Geschmacks, der an diesem Hof herrschte. Man konnte nach diesem kleinen Kreis die gute Wirkung beurteilen, die eine solche Mischung in Deutschland hervorbringen würde, wenn sie allgemein eingeführt wäre.

Theodor Götz: *Ansicht von Weimar von Norden, um 1840*

- Madame de Staëls Bericht »Über Deutschland« ist sonst sehr kritisch. Was fällt ihr in Weimar positiv auf? Welchen Personen und Umständen verdankt Weimar ihrer Meinung nach seine Sonderstellung?

- Formulieren Sie Madame de Staëls Hypothese aus dem Schlussabsatz mit eigenen Worten und beurteilen Sie sie aus heutiger Sicht.

Wohin in Weimar: 18.., Oktober

Nationaltheater
- Maria Stuart (Schiller)
- Iphigenie auf Tauris (Gluck)
- Die Geschwister (Goethe)
- Bayard (Kotzebue)
- Die Jäger (Iffland)

Mittwochskränzchen
Mittwoch, alle 14 Tage, im Anschluss an die Theatervorstellung bei Min. v. Goethe, Frauenplan

Ausstellung der »Weimarischen Kunstfreunde« (W.K.F.)
»Hektors Abschied«. Bildliche Darstellungen zu Homer (Preisaufgabe 1800). Arbeiten der Preisträger.
Den ganzen Oktober in der Zeichenakademie. Ostflügel Rotes Schloss

Erholung
im Verein »Erholung«, Teichgasse (Billard, Kartenspiel, Konversation) jeden Abend, außer Sonntag und Montag für alle Stände

Freitags-Gesellschaft
Wöchentlich, Freitagabend, Wittumspalais Vorträge (u.a. diesen Monat: Herr Bertuch, Über englische Landschaftsgärten; Herr v. Goethe, Über die verschiedenen Zweige der Tätigkeit)

Mittwochs-Gesellschaft
Mittwoch 10–1 Uhr, bei Herrn Minister von Goethe, Frauenplan
Vorträge mit wechselnden naturwissenschaftlichen und literarhistorischen Gegenständen

Freundschaftstage
Bei L. v. Göchhausen, Wittumspalais/Mansarde
Sonnabendvormittag

Singgemeinschaft
ab Mitte Oktober wieder Proben bei Herrn v. Goethe, Frauenplan
Chöre aus »Messias« von Händel
Konzert im Dezember geplant

Goethe an J.H. Merck (1776)

Ich treibs hier freilich toll genug, und denk oft an dich. Wirst hoffentlich bald vernehmen, dass ich auch auf dem Theatro mundi was zu tragieren weiß und mich in allen tragikomischen Farcen leidlich betrage.

Ich bin nun ganz in alle Hof- und politische Händel verwickelt und werde fast nicht wieder weg können. Meine Lage ist vorteilhaft genug, und die Herzogtümer Weimar und Eisenach immer ein Schauplatz, um zu versuchen, wie einem die Weltrolle zu Gesicht stünde. Ob ich gleich mehr als jemals am Platz bin, das durchaus Scheißige dieser zeitlichen Herrlichkeit zu erkennen. Eben drum, adieu!

- Vergleichen Sie das kulturelle Angebot für die Weimarer Bevölkerung um 1800 mit dem in Ihrer Tageszeitung im Hinblick auf die Zielgruppe.

- Wählen Sie eine Veranstaltung in Weimar, Oktober 18.., aus und versuchen Sie, die Situation möglichst anschaulich zu schildern: Wer kommt? Wie sind die Leute gekleidet? Wie begrüßt man sich? Worüber unterhält man sich? Stützen Sie sich dabei auf Bilddokumente und Beschreibungen (vgl. S. 9, 12).

Projektideen

Gestalten Sie ein Internetprojekt zum Thema »Kulturzentrum: Weimar um 1800«. Nutzen Sie die Möglichkeiten des Internets und seiner Hyperlink-Struktur (Hypertexte verfassen, Links herstellen, Seiten im Internet gliedern, Bildmaterial digitalisieren). Überlegen Sie zunächst gemeinsam, zu welchen Themen / Orten / Personen in Weimar Sie Informationen präsentieren wollen. Als Startseite für ein solches Projekt bietet sich z.B. ein digitalisierter Stadtplan Weimars an, von wo aus verschiedene Links auf bedeutsame Orte um 1800 verweisen und in Form von Hypertexten weiteres Informationsmaterial präsentieren.

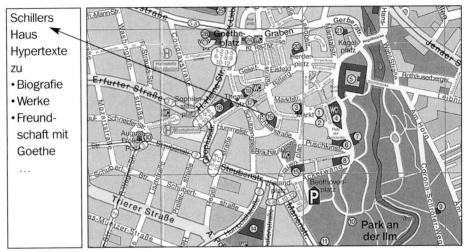

Schillers Haus
Hypertexte zu
- Biografie
- Werke
- Freundschaft mit Goethe
…

Bedeutsame Orte um 1800:
Bertuchsche Häuser (25), Fürstenhaus (6), Fürstliche Bibliothek (7), Goethes Haus am Frauenplan (15), Herderkirche / Stadtkirche zu St. Peter und Paul (20), Rotes Schloss (6), Schillers Haus (16), Schloss zu Weimar (5), Steinsches Haus (8), Wittumspalais (17), Park an der Ilm (10), Cranach-Haus (2), Markt mit Rathaus (3)…

Nützlich für den Besucher dieses Projekts ist eine so genannte Site-Map, die als Strukturbaum einen Überblick über die verschiedenen angebotenen Dateien gibt:

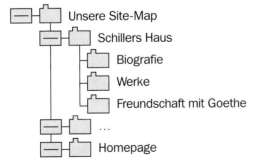

Sabine Appel **Geselliges Treiben in Weimar (1998)**

Zur Herzoginmutter Anna Amalia […] hatte Goethe ein beinahe kumpelhaftes Verhältnis. Sie war burschikos und lebenslustig, zwar dominant vom Typus, aber liberal, spontan und offenherzig. Goethe flachste mit ihr wie mit einer nur wenig älteren Tante, natürlich mit dem gebührenden Respekt. Anna Amalia war keine Schönheit, aber sie hatte genügend Temperament und Selbstbewusstsein, um das auszugleichen. Ihr Dilettieren im Bereich der Kunst und Musik, ihr Interesse am Theater und an den literarischen Strömungen ihrer Zeit standen neben der Begeisterung für Bälle und Maskenzüge und der Offenheit gegenüber allem, was ihr begegnete. Leider war für Anna Amalia in Weimar nie genug los, um ihr Temperament auszuleben. In einem sehr frühen Weimarer Brief an die Johanna Fahlmer fasst Goethe die drei unterschiedlichen Beziehungen zusammen, die er in Weimar zu den drei ganz unterschiedlichen Frauen hat: »Eine herrliche Seele ist die Fr(au) von Stein, an die ich so was man sagen mögte geheftet und genistelt bin. Louise und ich leben nur in Blicken und Sylben zusammen, sie ist und bleibt ein Engel. Mit der Herz(oginn) Mutter hab ich sehr gute Zeiten, treiben auch wohl allerley Schwänck und Schabernack.«

Auch nach dem Regierungsantritt ihres Sohnes Carl August blieb die Herzoginmutter der kulturelle und gesellschaftliche Mittelpunkt in Weimar. In Anna Amalias geselligen Zirkeln lockerten sich die Standesgrenzen. Über die eigenen Reihen hinaus, in denen sie schließlich selbst von kunstbeflissenen und gelehrten Bürgerlichen an ihrem Hof profitierte, hatte sich Anna Amalia während ihrer Regentschaft bemüht, der Bevölkerung den Zugang zu Bereichen der Bildung und der Wissenschaft zu ermöglichen, die bisher ein Vorrecht der adeligen Hofgesellschaft waren. Im Grünen Schloss hatte sie eine Gemäldegalerie einrichten lassen, die genauso wie die herzogliche Bibliothek der Allgemeinheit zugänglich war und von ihr genutzt werden konnte. Auch das Hoftheater stand der Weimarer Bevölkerung offen; für ein paar Kreuzer konnte jeder die Vorstellungen besuchen. Das war ziemlich revolutionär an einem deutschen Hof. Carl August setzte dies fort, indem er zum Beispiel später den Park und die Schlossgärten öffnen ließ. Die berühmte »Tafelrunde« im Wittumspalais der Herzoginmutter, die auf dem Aquarell von Georg Melchior Kraus verewigt ist, wurde das eigentliche Zentrum des Weimarer »Musenhofes«. Nach Herders Ankunft im Oktober 1776 bildeten dieser, Wieland und Goethe das bekannte »Dreigestirn« der großen Geister, das zwanzig Jahre später durch Schiller ergänzt wurde, dessen Wirken in Weimar aber unvergleichlich kürzer als das seiner Mitstreiter war.

Georg Melchior Kraus: *Abendgesellschaft bei der Herzogin Anna Amalia, um 1795*

> Stellen Sie eine mögliche Tafelrunde des Weimarer Musenhofes nach. Orientieren Sie sich an der Bildvorlage. Lassen Sie Anna Amalia in einer Begrüßungsrede erklären, warum sie ihre Gäste eingeladen hat und was sie erwartet.

Sigrid Damm **Christiane und Goethe (1998)**

Christianes schwierige Stellung in Weimar. Neid und Häme, die Goethe gelten, treffen sie. Ein Beispiel von 1803. *Stein (auf Nordheim)*, schreibt Karl von Stein seinem Bruder Fritz, *geht wunderbar mit Goethen um. Auf einer Redoute sagte er ihm: »Schick dein Mensch nach Hause, ich habe sie besoffen gemacht«. Also Goethe geht hin und deutet der armen Vulpius an, nach Hause zu gehen, die ganz nüchtern gewesen ist.*

Auch Charlotte von Stein schießt weiter ihre Pfeile ab. *Seine Demoiselle, sagt man, betrinkt sich alle Tage, wird aber dick und fett. Der arme Goethe, der lauter edle Umgebungen hätte haben sollen! Doch hat er auch zwei Naturen.* Als ihr erzählt wird, dass Christiane am Frauenplan mit am Tisch sitzt, Goethe ihr vor Fremden Komplimente macht, sie hört es von Luise von Göchhausen, diese wiederum hat es von Wieland, der mit am Tisch saß, schreibt sie: *Er hatte bei Goethe mit Jacobi und des Jacobis Schwester zu Mittag gegessen; die Vulpius war von der Gesellschaft. Am Tisch, sagt Wieland, habe er (der Hausherr) ihr mit zarten Attentionen begegnet, und doch ist's entweder Lüge, oder er müßte eine Analogie mit der Mägdenatur haben.*

Die Erwähnung, dass sie mit am Tisch sitzt, ist von Anfang 1806. Es sind auswärtige Gäste. Nicht Weimarer. Wenn diese zu Gast sind, ist sie wohl nicht zugegen. So bei der Ende 1801 von Goethe gegründeten Mittwochsgesellschaft »Cour d'amour«, die sich während der Wintermonate nach der Komödie bei ihm versammelt. *Goethe hat eine Anzahl harmonisierender Freunde zu einem Klub oder Kränzchen vereinigt, das alle vierzehn Tage zusammenkommt und soupiert*, schreibt Schiller am 16. November an Körner: *Es geht recht vergnügt dabei zu, obgleich die Gäste zum Teil sehr heterogen sind, denn der Herzog selbst und die fürstlichen Kinder werden auch eingeladen... es wird fleißig gesungen und pokuliert.*

Obgleich Schiller selbst nie die Dame des Hauses als Gesellschafterin sieht und sie nie bei Tisch erscheint, notiert Schillers Frau im Februar 1801. Christiane bleibt der *Küchenschatz*, der *Hausschatz*, der alles zu Goethes Zufriedenheit erledigt. Auch seinen Haushalt in Jena versorgt und über seine langen Abwesenheiten nicht klagt. [...]

Christiane erledigt täglich ein großes Arbeitspensum. Sie hat die Tante und Ernestine als Hilfen, sie hat eine Köchin und eine Magd. Dennoch: Sie muss alles organisieren, die Arbeit muss ihr schnell von der Hand gegangen sein.

Ihr Leben erschöpft sich nicht in der Haushaltung und dem Warten auf Goethe. Stets bleibt ihr genügend Zeit für Vergnügungen, sie versteht es immer besser, ihr Leben ohne ihn zu gestalten. Im Winter 1802 zum Beispiel lernt sie Schlitten fahren und nimmt Tanzstunden. *... der Kutscher hat mir das Fahren gelernt, und ich habe selbst gefahren... ich bin in der Stadt durch alle Gassen und um alle Ecken recht gut gefahren... Wenn du wiederkommst... so mußt Du mir erlauben, daß ich Dich einmal fahren darf. Auch habe ich schon zwei Tanz-Stunden gehabt und denke, Du sollst auch noch sehen, wie ich recht einhergehe.* [...]

Am 21. Dezember teilt ihm Christiane mit: *Ich schreibe Dir nur mit ein paar Worten, daß ich sehr beschäftigt bin wegen Fest und backen; und wegen Deiner Ankunft habe heute sehr viel eingekauft und erwarte Dich Sonnabend bei Zeiten mit großem Vergnügen und Freude. Und ich hoffe, Du sollst alles finden, wie Du wünschest.*

Christine Brückner Ich wär Goethes dickere Hälfte (1983)

Christiane von Goethe im Vorzimmer der verwitweten Oberstallmeisterin Charlotte von Stein

Die Frau verwitwete Oberstallmeisterin empfängt nicht? Sie fühlt sich nicht? Auch recht. Ich kann warten. Vielleicht fühlt sie sich demnächst wieder? Ich kann auch Platz nehmen. Vielleicht müssen Sie Ihren Salon mal verlassen und kommen durchs Vorzimmer, und da sitzt dann die ehemalige Vulpius. An der kommt man nun nicht mehr vorbei, Madame von Stein, auch Sie nicht. Soll ich lauter sprechen, damit Sie mich verstehen? Oder halten Sie sich die Ohren zu, weil ich ordinär rede? Thüringisch! Das tun Sie auch, nur gestelzter.

Ich passe nur nicht in Ihre Sessel, ich bin zu breit. Hier darf man sich's wohl nicht commod machen? Hier muss man die Knie aneinander drücken und darf sich nicht anlehnen. Aber ich lehn mich gern wo an! Und jetzt setz ich mich erst recht lätschig, nur weil Sie's erwarten.

Der Portwein ist für mich? Oder soll er noch für andere Besucher reichen? Wer kommt denn noch? Die Weimarer fürchten Ihre spitze Zunge. Haben Sie die Karaffe füllen lassen, als Sie die Kalesche der Vulpiussen haben vorfahren sehen? Wollen Sie wissen, ob ich die Karaffe leer mache? Kommt darauf an, Madame, wie lange Sie mich warten lassen. Wer mehr Geduld hat. [...]

Was haben Sie denn Ihrer Dienstmagd gesagt, als Sie die Vulpiussen im Spion entdeckt haben? Für die Dame Vulpia bin ich nicht zu Hause? Ich bin unwohl? Unpässlich? Wird Ihnen schlecht bei meinem Anblick? Es riecht hier säuerlich, Madame, schon auf der Stiege. Ungelüftet! Ich komm aus kleinen Verhältnissen, aus der Gosse, oder wie drücken Sie das aus? Aber jetzt hab ich's zu was gebracht, ohne dass ich drauf aus war. Es hat sich ergeben. Ich sag dem Kutscher: Fahr er mich zu der Frau Oberstallmeisterin von Stein! Er braucht nicht zu warten, wir haben miteinander zu reden, es wird dauern. [...]

Seine Mutter, die Frau Rath in Frankfurt, hat mich »liebe Freundin« genannt und auch »liebe Tochter«. Ich wär seine »Gefährtin«, hat sie gesagt, und das Wort trifft's genau, da steckt Gefahr drin. Gefahren werden! Meine Equipage! Das war ein Triumph, als er mir die Kutsche geschenkt hat und ich hab anspannen lassen und bin durch die Straßen gefahren. Da bewegten sich die Gardinen! Inzwischen wohnten wir im Jägerhaus. »Eroticum« hat er's genannt, aber das durfte keiner hören. Eros in Weimar! Werden Sie rot, Madame? [...]

Ich feiere gern Feste und bin gern dabei, wenn's wo lustig hergeht, wie bei den Schauspielern. Sollen die Weimarer doch reden! Bei Ihnen hätt er seinen Prophetenmantel nicht tragen dürfen und seine weichen Schlappen auch nicht. Sie wollten einen Hofdichter aus ihm machen, mit Jabot und Perücke und mit gestickten Westgens. Wenn er seinen Katarrh hat und Fieber, dann mach ich ihm Wickel, und wenn er Schüttelfrost hat, zieh ich's Hemd aus. Nicht seines! Meines, Madame, und wärm ihn. Ich beherrsche das Versmaß des Hexameters so gut wie Sie, aber mir hat er's auf den nackten Rücken und aufs Hinterteil gezählt. Lang-kurz-kurz, lang-kurz-kurz. Skandieren nennt man das. Und mein Hinterteil nennt er Kallipigos. In Neapel hat

er die Statue der Venus Kallipigos gesehen, die Venus mit dem schönen Hinterteil. Nach Ihrer Zeit, Madame! Wie hätte er denn von Ihnen loskommen sollen? Er musste doch fliehen! Bis über die Alpen! Hat Ihnen denn keiner seine römischen Elegien zugesteckt? Heimlich? Hätte sich die Seelenfreundin vielleicht besudelt? Warum haben Sie ihm die römischen Mädchen nicht gegönnt? Ich gönne ihm seine Minchens. Ich nenn sie alle Minchens, ob sie nun Lilly oder Faustina oder Charlotte heißen. Er lässt mich tanzen, und ich lass ihm die Minchens. Wenn er nur jemanden hat, auf den er seinen Vers machen kann. Für die Mädchens ist er ein lieber alter Herr. [...]

Ich wär Goethes »dickere Hälfte« haben Sie gesagt. Sagt das eine edle Seele? Als Kind hab ich oft Hunger gehabt, und später hab ich viel runterschlucken müssen, und manches habe ich runtergespült, sonst wär es mir vielleicht hochgekommen, und ich hätt auf der Straße oder im Gasthof gesagt, was ich jetzt nur zu Ihnen sage. Sie haben eine schlanke Taille, Madame. Wie lange braucht denn Ihre Dienstmagd, bis sie das Mieder so stramm gezogen hat? Sie haben wohl auch bei Tisch keinen Spaß gehabt? Ich ess gern, und ich trink gern, was Gutes und nicht so eine billige süße Plempe. Aber ich mach die Karaffe trotzdem leer! Damit Sie Ihre Meinung nicht ändern müssen und damit Sie nicht lügen, wenn Sie überall erzählen, dass die Dame Vulpius die Karaffe leer getrunken hat und Ihnen ihr Herz ausschütten musste. Ich hab Schmerzen im Leib, von den Nieren, vielleicht ist es auch die Galle. Es tut mir wohl, mal alles auszusprechen. Goethe wäre sinnlich geworden durch mich, haben Sie behauptet, als wär das was Schlimmes, als wär er nun nicht mehr der große Dichterfürst von Weimar. Ich hab Schmerzen, Madame, Koliken und Krämpfe. Der Schmerz macht die einen dünn und die anderen macht er dick. [...]

Sie hätten mich empfangen dürfen, Frau Oberstallmeisterin! Ich bin schließlich hoffähig. Ich hab vor der Herzogin meinen Knicks machen dürfen. Der Herzog hat mich zum Tanz aufgefordert, und ich hab ihn gedreht wie meine anderen Tänzer. Wenn die Madame Schopenhauer der frisch gebackenen Christiane von Goethe eine Tasse Tee anbieten konnte, dann darf Ihnen doch Ihr Portwein nicht zu schade sein. Ich werde Ihnen ein Kistchen von unserem Samos schicken lassen.

- Erarbeiten Sie anhand der Texte von C. Brückner und S. Damm die verschiedenen Facetten der Christiane Vulpius.

- Verfassen Sie – parallel zu C. Brückners Text – eine »ungehaltene Rede« der Charlotte von Stein. Ziehen Sie als Hilfestellung Informationen aus Lexika heran.

Peter Hacks Ein Gespräch im Hause Stein über den abwesenden Herrn von Goethe (1976)

Hacks »Schauspiel« wurde 1976 uraufgeführt. Im Personenverzeichnis sind »Die Frau von Stein« und »Der Herr von Stein« genannt. Der Herr von Stein ist in diesem Stück aber keine lebende Person, sondern eine Puppe. Dem stummen Gesprächspartner kann Frau von Stein ihre Gedanken und Empfindungen offenbaren. Die Handlung spielt im Oktober 1786.

Das Ehepaar Stein. Die Frau von Stein im weißen Kleid. Der Herr von Stein sitzt, in Hausrock und Reitstiefeln, in einem Lehnstuhl. Er raucht Pfeife. Er ist ausgestopft.

Die Frau von Stein:
Es ist die Wahrheit, Stein. Ich habe Goethe abgewiesen.
Ich habe die Beziehung zu ihm beendet, nach diesen zehn in Eintracht abgelaufenen Jahren. Ich bin nun die Ursache davon, dass er uns heimlich verlassen hat, über Nacht, unangekündigt, ohne Abschied oder Erlaubnis. Der Staat ist ohne Minister, der Hof ohne Spielmeister, das Theater ohne Direktor, das Land ohne seinen großen Mann.
Man ahnt nicht, wo er sich aufhält. Aber ich, die Ursache seiner Abwesenheit, bin zur Stelle, und die Last der Verantwortung liegt auf mir. Mir ist sehr klar, warum man mir so unerbittlich zürnen muss. Man fühlt wie ich. Jeder ist froh, diesen Mann los zu sein. Jeder verabscheute seine dreiste Weise, Vorrechte zu beanspruchen, solche, die ihm um seines Verdienstes willen zustehen, und solche, die er nur hat, weil er sie beansprucht. [...] Aber man weiß zugleich: Er ist unentbehrlich. Ohne ihn sind wir nichts. Weimar, das ist Goethe. [...]
Der Herzog hatte einen begabten jungen Menschen aufgelesen; sein Scharfblick hatte nicht getrogen; aber unglücklicherweise hatte dieser neue Günstling, abgesehen von seinen Gaben, nichts, was einen Mann zum Fortkommen tauglich macht. Er kannte

die Hochschulen, deren Unsitten ihm leider anhafteten wie einem Stallburschen der Pferdegeruch. Er kannte alle Wissenschaften und alle Künste, und er kannte nichts von der Welt.
Er bedurfte des Erziehers, und die unausgesprochene Wahl des Hofes fiel nicht zufällig auf mich. Ich verletze die Bescheidenheit nicht, wenn ich das von mir sage. [...] Goethe kam nach Weimar und erwies sich als Grobian, und der Herzog, der dem Grobianischen mit aller Narrheit seiner Flegeljahre anhing, hatte sich ihn in den Kopf gesetzt. Sicher, er war so berühmt, wie man es nur verlangen kann. Er war berühmt und ein Grobian; er war vielleicht der berühmteste Grobian in den deutschen Städten. [...]
Ich wollte Goethe nicht für mich. Ich wollte ihn für Weimar und für die gesittete Welt. Er war nicht leicht zu haben, und nun, leichten Herzens, aber mit vollem Bewusstsein, sage ich: Er möge bleiben, wo immer er sich aufhält. Es ist nicht sehr schade um ihn. [...]
Ich habe Goethe zu dem gemacht, was er ist. Zu einem Staatsbediensteten, der eine öffentliche Stelle auszufüllen weiß, zu einem Kopfe, dem, wenngleich er selten gelesen ist, keiner gern widerspricht, und nicht zuletzt zu einem Mann, der, ungeachtet ihm die Frauen fremd bleiben müssen, auf zehn Jahre erfüllter Liebe zurückblickt.

Biografisches Schreiben – literarhistorische Dokumentation

Ideenfindung

Die Biografie (grch.: bios = Leben, graphein = schreiben) ist eigentlich ein Zweig der Geschichtsschreibung. Sie verbindet die Darstellung des äußeren Lebens und der inneren Entwicklung eines Menschen mit der Darstellung der Zeitverhältnisse.

Die Biografien von Machthabern, Künstlern und Dichtern waren und sind aber immer wieder Stoff für Schriftstellerinnen und Schriftsteller. In Erzählungen, Romanen und Dramen werden Ereignisse, Beziehungen und Charakterzüge akzentuiert und somit subjektiv interpretiert.

Biografisches Schreiben im Sinne einer literarhistorischen Dokumentation setzt umfangreiche und genaue Recherchen voraus; die »dichterische Freiheit« beschränkt sich auf die Erfindung und Ausgestaltung von Begebenheiten, die mit wissenschaftlich gesicherten Fakten vereinbar sind. Quellen für Autorinnen und Autoren sind literarische *und* historische Zeugnisse. Diese finden sie in Bibliotheken, Archiven und Museen. Inzwischen wird die Suche durch das Internet wesentlich erleichtert.

- Charakterisieren Sie Charlotte von Stein, wie sie sich in diesem Text darstellt. Vergleichen Sie dieses Porträt mit Ihren bisherigen Ergebnissen.

- Beschreiben Sie die Form biografischen Schreibens bei S. Damm, C. Brückner und P. Hacks und vergleichen Sie sie. Welche Wirkung erzielen die Autoren?

Briefwechsel zwischen J.W. v. Goethe und F. Schiller (1796/1797)

An Schiller

Vielen Dank für die schönen Exemplare, hier kommt ein geringeres zurück. Jedermann spricht gut von dem Almanach. Es ist eine allgemeine Nachfrage darnach.

Die Epigramme sind noch nicht abgeschrieben, auch fürchte
ich, Sie werden mir so vorauslaufen, dass ich Sie nicht einholen kann. Die nächsten vierzehn Tage seh ich wie schon verschwunden an. Die neue Oper wird uns noch viel zu schaffen machen, es wird aber auch ein lustiges und erbauliches Werk. Leben Sie recht wohl und haben noch tausend Dank für alles Gute und Liebe. Sobald als möglich besuche ich Sie wieder.
Weimar, den 20. Januar 1796   G.

An Goethe   [Jena.] Den 22. Jenner 1796

Hier eine kleine Lieferung von Epigrammen. Was Ihnen darunter nicht gefällt, lassen Sie nur gar nicht abschreiben. Es geht mit diesen kleinen Späßen doch nicht so rasch, als man glauben sollte, da man keine *Suite* von Gedanken und Gefühlen dazu benutzen kann, wie bei einer längeren Arbeit. Sie wollen sich ihr ursprüngliches Recht als *glückliche Einfälle* nicht nehmen lassen. Ich zweifle deswegen, ob ich, bei meinem Müßiggange, Ihnen so weit vorkommen werde, als Sie denken, denn in die Länge geht es doch nicht, ich muss mich zu größern Sachen entschließen und die Epigramme auf den Augenblick ankommen lassen. Doch soll kein Posttag leer sein, und so rücken wir doch in 4, 5 Monaten weit genug vor.

Ihre Epigramme im Almanach machen großes Glück, wie ich immer aufs Neu in Erfahrung bringe, und bei Leuten, von deren Urteil man keine Schande hat. Dass der Almanach in Weimar neben den Emigrierten und den Hundsposttagen noch aufkommen kann, ist mir sehr tröstlich zu vernehmen.

Darf ich Sie mit einem kleinen Auftrage belästigen? Ich wünschte 63 Ellen Tapeten von schöner grüner Farbe und 62 Ellen Einfassung, welche ich ganz Ihrem Geschmack und Ihrer Farbentheorie überlasse. Wollten Sie Herrn Gerning darnach schicken und allenfalls Ordre geben, dass ich sie in 6 bis 8 Tagen haben kann?
Leben Sie recht wohl. Meine Frau grüßt.   Sch.

An Schiller

Da es höchst nötig ist, dass ich mir, in meinem jetzigen unruhigen Zustande, etwas zu tun gebe, so habe ich mich entschlossen, an meinen Faust zu gehen und ihn, wo nicht zu vollenden, doch wenigstens um ein gutes Teil weiter zu bringen, indem ich das, was gedruckt ist, wieder auflöse und mit dem, was schon fertig oder erfunden ist, in große Massen disponiere und so die Ausführung des Plans, der eigentlich nur eine Idee ist, näher vorbereite. Nun habe ich eben diese Idee und deren Darstellung wieder vorgenommen und bin mit mir selbst ziemlich einig. Nun wünschte ich aber, dass Sie die Güte hätten, die Sache einmal, in schlafloser Nacht, durchzudenken, mir die Forderungen, die Sie an das Ganze machen würden, vorzulegen, und so mir meine eignen Träume, als ein wahrer Prophet, zu erzählen und zu deuten.

Ich hätte gern [...] Ihre liebe Frau, wenn sie hier geblieben wäre, mit den Ihrigen heute Abend bei mir gesehen. Wenn Sie sich nur auch einmal wieder entschließen könnten, die jenaische Chaussee zu messen. Freilich wünschte ich Ihnen bessere Tage zu so einer Expedition.
Weimar, den 22. Juni 1797 G.

An Goethe Jena, 23. Juni 1797

Ihr Entschluss, an den Faust zu gehen, ist mir in der Tat überraschend, besonders jetzt, da Sie sich zu einer Reise nach Italien gürten. Aber ich hab es einmal für immer aufgegeben, Sie mit der gewöhnlichen Logik zu messen, und bin also im Voraus überzeugt, dass Ihr Genius sich vollkommen gut aus der Sache ziehen wird.
Ihre Aufforderung an mich, Ihnen meine Erwartungen und Desideria mitzuteilen, ist nicht leicht zu erfüllen; aber soviel ich kann, will ich Ihren Faden aufzufinden suchen, und wenn das auch nicht geht, so will ich mir einbilden, als ob ich die Fragmente von Faust zufällig fände und solche auszuführen hätte. So viel bemerke ich hier nur, dass der Faust, das Stück nämlich, bei aller seiner dichterischen Individualität, die Forderung an eine Symbolische Bedeutsamkeit nicht ganz von sich weisen kann, wie auch wahrscheinlich Ihre eigene Idee ist. Die Duplizität der menschlichen Natur und das verunglückte Bestreben, das Göttliche und das Physische im Menschen zu vereinigen, verliert man nicht aus den Augen, und weil die Fabel ins Grelle und Formlose geht und gehen muss, so will man nicht bei dem Gegenstand stille stehen, sondern von ihm zu Ideen geleitet werden. Kurz, die Anforderungen an den Faust sind zugleich philosophisch und poetisch, und Sie mögen sich wenden, wie Sie wollen, so wird Ihnen die Natur des Gegenstandes eine philosophische Behandlung auflegen, und die Einbildungskraft wird sich zum Dienst einer Vernunftidee bequemen müssen.
Aber ich sage Ihnen damit schwerlich etwas Neues, denn Sie haben diese Forderung in dem, was bereits da ist, schon in hohem Grad zu befriedigen angefangen.
Wenn Sie jetzt wirklich an den Faust gehen, so zweifle ich auch nicht mehr an seiner völligen Ausführung, welches mich sehr erfreut. [...]
Leben Sie recht wohl. Sch.

- Rezitieren (s. S. 121) Sie die Briefe Goethes und Schillers im Wechsel: Der Absender überliest seinen Brief nochmals laut / der Adressat liest den Brief laut für sich. Achten Sie beim Vorlesen besonders darauf, ob persönliche Dinge oder berufliche Interessen angesprochen sind.

- Aus der Zeit von 1794 bis 1805 (Schillers Todesjahr) sind 1006 Briefe (s. S. 118) zwischen Goethe und Schiller überliefert. Sie bevorzugten diese Art der Kommunikation, auch wenn sie, wie in Weimar, nur wenige hundert Meter voneinander entfernt wohnten. Informieren Sie sich in einem Sachwörterbuch über die Geschichte der Briefkultur und erörtern Sie – im Vergleich dazu – Vor- und Nachteile moderner Kommunikationsformen.

Weimar

 »Freiheit – Gleichheit – Brüderlichkeit«

Mitplanung und Gestaltung des Unterrichts durch Expertengruppen

Schülerinnen und Schüler beteiligen sich an der Planung einer Unterrichtssequenz, erarbeiten selbstständig unterschiedliche Themen in Expertengruppen, gestalten und moderieren einzelne Unterrichtsstunden.
Mögliche Vorgehensweise:
– Beschaffung von Informationsmaterial (arbeitsteilig): Nachschlagewerke, Stichwortkatalog in Bücherei, Internet...;
– Sichtung und Gliederung des Materials: z.B. Sachtexte, authentische Zeugnisse, Bild-Dokumente...;
– Auswahl und Auswertung in Absprache mit der Kursleiterin / dem Kursleiter;
– Visualisierung der Ergebnisse: z.B. Poster, Folien, Einsatz von Präsentationsprogrammen am PC;
– Präsentation vor Kursteilnehmern und Erläuterung der Arbeitsweise;
– Diskussion der Ergebnisse (mit vorbereiteten Fragen) und konkrete Aufgaben dazu: z.B. Bildbeschreibung, Textvergleich, Kommentar aus heutiger Sicht;
– Ergebnissicherung: z.B. Folie oder Kopiervorlagen mit Stichworten, die ergänzt und kommentiert werden müssen.

Informationssammlung und -auswertung

● Die folgenden Texte stehen alle in Beziehung zur Französischen Revolution. Dieses Ereignis hatte natürlich über die Landesgrenzen hinaus Erschütterung und gespanntes Interesse ausgelöst; auch die deutschen Intellektuellen reagierten früher oder später auf die dramatische Entwicklung im Nachbarland.
Bilden Sie Expertengruppen, die möglichst viele verschiedene Informationen über das »Jahrhundertereignis« zusammentragen, z.B.:
– der Sturm auf die Bastille;
– das Schicksal der Königsfamilie;
– die Septembermorde;
– die Schreckensherrschaft;
– die Revolutionsführer Robespierre, St. Just und Danton.
Ordnen Sie die literarischen Texte Ihren Spezialthemen zu und gestalten Sie mit Ihren Materialien den Unterricht.

Jean-Baptiste Lallemand:
Der Sturm auf die Bastille am 14. Juli 1789.

Christian Friedrich Daniel Schubart
O Freiheit, Freiheit! Gottes Schoß entstiegen (1789)

O Freiheit, Freiheit! Gottes Schoß entstiegen,
Du aller Wesen seligstes Vergnügen,
    An tausendfachen Wonnen reich,
    Machst du die Menschen – Göttern gleich.

5 Wo find ich dich, wo hast du deine Halle?
Damit auch ich anbetend niederfalle,
    Dann ewig glücklich – ewig frei
    Ein Priester deines Tempels sei.

Einst walltest du so gern in Deutschlands Hainen
10 Und ließest dich vom Mondenlicht bescheinen,
    Und unter Wodanseichen war
    Dein unentweihtester Altar.

Es sonnte Hermann sich in deinem Glanze,
An deine Eiche lehnt' er seine Lanze,
15   Und ach, mit mütterlicher Lust
    Drückst du den Deutschen an die Brust.

Bald aber scheuchten Fürsten deinen Frieden
Und Pfaffen, die so gerne Fesseln schmieden;
    Da wandtest du dein Angesicht:
20   Wo Fesseln rasseln, bist du nicht.

Dann flogst du zu den Schweizern, zu den Briten;
Warst seltner in Palästen als in Hütten;
    Auch bautest du ein leichtes Zelt
    Dir in Kolumbus' neuer Welt.

25 Und endlich, allen Völkern zum Erstaunen,
Als hätt auch eine Göttin ihre Launen,
    Hast du dein Angesicht – verklärt
    Zu frohen Galliern gekehrt.

Jacques-Louis David:
Der Eid im Ballhaus, 1791

● Bestimmen Sie die Grundhaltung in Schubarts Gedicht. Ziehen Sie die Dichterbiografie zum Verständnis dieser Haltung heran.

Johann Wolfgang von Goethe **Venezianische Epigramme (1790)**

(50)
Alle Freiheitsapostel, sie waren mir immer zuwider;
  Willkür sucht doch nur jeder am Ende für sich.
Willst du viele befrein, so wag es, vielen zu dienen.
  Wie gefährlich das sei, willst du es wissen? Versuchs!

(51)
Könige wollen das Gute, die Demagogen desgleichen,
  Sagt man; doch irren sie sich: Menschen, ach, sind sie wie wir.
Nie gelingt es der Menge, für sich zu wollen, wir wissens;
  Doch wer versteht, für uns alle zu wollen, er zeigs!

(53)
Frankreichs traurig Geschick, die Großen mögens bedenken;
  Aber bedenken fürwahr sollen es Kleine noch mehr.
Große gingen zugrunde: Doch wer beschützte die Menge
  Gegen die Menge? Da war Menge der Menge Tyrann.

Johann Wolfgang von Goethe **Xenien (1796)**

(93) *Revolutionen*
Was das Luthertum war, ist jetzt das Franztum in diesen
  Letzten Tagen, es drängt ruhige Bildung zurück.

(94) *Parteigeist*
Wo Parteien entstehn, hält jeder sich hüben und drüben,
  Viele Jahre vergehn, eh sie die Mitte vereint.

(232) *Der Patriot*
Dass Verfassung sich überall bilde! Wie sehr ist's zu wünschen,
  Aber ihr Schwätzer verhelft uns zu Verfassungen nicht!

(337) *Unglückliche Eilfertigkeit*
Ach, wie sie *Freiheit* schrien und *Gleichheit*, geschwind wollt ich folgen,
  Und weil die Trepp mir zu lang deuchte, so sprang ich vom Dach.

Das Distichon (gr.: dis = doppelt, stichos = Reihe, Vers) ist ein Zweizeiler, eine antike Strophenform, in der einem Hexameter ein Pentameter folgt. Distichen wurden v.a. für Elegien und Epigramme verwendet. Schema:
| x́x(x) | x́x(x) | x́x(x) | x́x(x) | x́xx | x́x |
| x́x(x) | x́x(x) | x́ || x́xx | x́xx | x́ |

Fassen Sie Goethes politische Aussagen in einem kurzen Statement zusammen. Welches Publikum wollte er mit seinen Distichen erreichen? Welche Wirkung konnte er sich erhoffen?

Friedrich Schiller Brief an den Prinzen Friedrich Christian von Schleswig-Holstein-Sonderburg-Augustenburg (1793)

Der Versuch des französischen Volks, sich in seine heiligen Menschenrechte einzusetzen und eine politische Freiheit zu erringen, hat bloß das Unvermögen und die Unwürdigkeit desselben an den Tag gebracht, und nicht nur dieses unglückliche Volk, sondern mit ihm auch einen beträchtlichen Teil Europas, und ein ganzes Jahrhundert, in Barbarei und Knechtschaft zurückgeschleudert. Der Moment war der günstigste, aber er fand eine verderbte Generation, die ihn nicht wert war, und weder zu würdigen noch zu nutzen wusste. Der Gebrauch, den sie von diesem großen Geschenk des Zufalls macht und gemacht hat, beweist unwidersprechlich, dass das Menschengeschlecht der vormundschaftlichen Gewalt noch nicht entwachsen ist, dass das liberale Regiment der Vernunft da noch zu frühe kommt, wo man kaum damit fertig wird, sich der brutalen Gewalt der Tierheit zu erwehren, und dass derjenige noch nicht reif ist zur *bürgerlichen* Freiheit, dem noch so vieles zur *menschlichen* fehlt. In seinen Taten malt sich der Mensch – und was für ein Bild ist das, das sich im Spiegel der jetzigen Zeit uns darstellt? Hier die empörende Verwilderung, dort das entgegengesetzte Extrem der Erschlaffung; die zwei traurigsten Verirrungen, in die der Menschencharakter versinken kann, in einer Epoche vereint. In den niederen Klassen sehen wir nichts als rohe gesetzlose Triebe, die sich nach aufgehobenem Band der bürgerlichen Ordnung entfesseln, und mit unlenksamer Wut ihrer tierischen Befriedigung zueilen. Es war also nicht der moralische Widerstand von innen, bloß die Zwangsgewalt von außen, was bisher ihren Ausbruch zurückhielt. Es waren also nicht freie Menschen, die der Staat unterdrückt hatte, nein, es waren bloß wilde Tiere, die er an heilsame Ketten legte. Hätte der Staat die Menschheit wirklich unterdrückt, wie man ihm Schuld gibt, so müsste man Menschheit sehen, nachdem er zertrümmert worden ist. Aber der Nachlass der äußern Unterdrückung macht nur die innere sichtbar, und der wilde Despotismus der Triebe heckt alle jene Untaten aus, die uns in gleichem Grad anekeln und schaudern machen.

Auf der andern Seite geben uns die zivilisierten Klassen den noch widrig[er]en Anblick der Erschlaffung, der Geistesschwäche und einer Versunkenheit des Charakters, die um so empörender ist, je mehr die Kultur selbst daran Teil hat. [...]

Das dringendere Bedürfnis unsers Zeitalters scheint mir die Veredlung der Gefühle und die sittliche Reinigung des Willens zu sein, denn für die Aufklärung des Verstandes ist schon sehr viel getan worden. Es fehlt uns nicht sowohl an der Kenntnis der Wahrheit und des Rechts als an der Wirksamkeit dieser Erkenntnis zu Bestimmung des Willens, nicht sowohl an *Licht* als an *Wärme*, nicht sowohl an philosophischer als an ästhetischer Kultur. Diese letztere halte ich für das wirksamste Instrument der Charakterbildung und zugleich für dasjenige, welches von dem politischen Zustand vollkommen unabhängig, und also auch ohne Hilfe des Staats zu erhalten ist.

● Analysieren Sie den Briefausschnitt im Hinblick auf die Empfindungen und Überzeugungen, die Schiller darin vermittelt, die Argumente, die er anführt, die formalen Mittel.

Friedrich Schiller **Das Lied von der Glocke (1799)**

Der Meister kann die Form zerbrechen
Mit weiser Hand, zur rechten Zeit,
Doch wehe, wenn in Flammenbächen
Das glühnde Erz sich selbst befreit!
5 Blindwütend mit des Donners Krachen
Zersprengt es das geborstne Haus,
Und wie aus offnem Höllenrachen
Speit es Verderben zündend aus:
Wo rohe Kräfte sinnlos walten,
10 Da kann sich kein Gebild gestalten,
Wenn sich die Völker selbst befrein,
Da kann die Wohlfahrt nicht gedeihn.

Weh, wenn sich in dem Schoß der Städte
Der Feuerzunder still gehäuft,
15 Das Volk, zerreißend seine Kette,
Zu Eigenhilfe schrecklich greift!
Da zerret an der Glocke Strängen
Der Aufruhr, dass sie heulend schallt,
Und nur geweiht zu Friedensklängen
20 Die Losung anstimmt zur Gewalt.

Stich von Fr. H. Ramberg

Freiheit und Gleichheit! Hört man schallen,
Der ruh'ge Bürger greift zur Wehr,
Die Straßen füllen sich, die Hallen,
Und Würgerbanden ziehn umher.
25 Da werden Weiber zu Hyänen
Und treiben mit Entsetzen Scherz.
Noch zuckend, mit des Panthers Zähnen,
Zerreißen sie des Feindes Herz.
Nichts Heiliges ist mehr, es lösen
30 Sich alle Bande frommer Scheu.
Der Gute räumt den Platz dem Bösen,
Und alle Laster walten frei.

- Lesen oder hören Sie »Das Lied von der Glocke« in voller Länge. Wie gelingt es dem Dichter, den Vorgang des Glockengießens auf politische Prozesse zu übertragen?

- Versuchen Sie, einzelne Begriffe, wie z.B. »Flammenbäche«, »Kette« etc., als Metaphern für aktuelle Ereignisse zu deuten.

Friedrich Schiller Don Carlos (1787)

Schillers Drama spielt im 16. Jahrhundert am Hofe des spanischen Königs Philipp II. Philipp hat die frühere Braut seines Sohnes Carlos geheiratet. Don Carlos hat aber nicht nur deswegen ein gestörtes Verhältnis zu seinem Vater; er wirft ihm tyrannische Herrschaft, besonders in den flandrischen Provinzen, vor. Marquis Posa, dem er freundschaftlich verbunden ist, hat ihn darüber informiert. Eben diesen Marquis will Philipp mit einem hohen Amt betrauen.

KÖNIG (*mit erwartender Miene*): Nun?
MARQUIS: – Ich kann nicht Fürstendiener sein.
(*Der König sieht ihn mit Erstaunen an.*)
Ich will
Den Käufer nicht betrügen, Sire. Wenn Sie
Mich anzustellen würdigen, so wollen
Sie nur die verwogne Tat. Sie wollen
Nur meinen Arm und meinen Mut im Felde,
Nur meinen Kopf im Rat. Nicht meine Taten,
Der Beifall, den sie finden an dem Thron,
Soll meiner Taten Endzweck sein. Mir aber,
Mir hat die Tugend eignen Wert. Das Glück,
Das der Monarch mit meinen Händen
  pflanzte,
Erschüf ich selbst, und Freude wäre mir
Und eigne Wahl, was mir nur Pflicht sein
  sollte.
Und ist das Ihre Meinung? Können Sie
In Ihrer Schöpfung fremde Schöpfer dulden?
Ich aber soll zum Meißel mich erniedern,
Wo ich der Künstler könnte sein? – Ich liebe
Die Menschheit, und in Monarchien darf
Ich niemand lieben als mich selbst.
KÖNIG: Dies Feuer
Ist lobenswert. Ihr möchtet Gutes stiften.
Wie Ihr es stiftet, kann dem Patrioten
Dem Weisen gleich viel heißen. Suchet Euch
Den Posten aus in meinen Königreichen,
Der Euch berechtigt, diesem edeln Triebe
Genug zu tun.
MARQUIS: Ich finde keinen.
KÖNIG: Wie?
MARQUIS: Was Eure Majestät durch meine
  Hand
Verbreiten – ist das Menschenglück? – Ist das
Dasselbe Glück, das meine reine Liebe
Den Menschen gönnt? – Vor diesem Glücke
  würde
Die Majestät erzittern – Nein! Ein neues
Erschuf der Krone Politik – ein Glück,
Das *sie* noch reich genug ist auszuteilen,
Und in dem Menschenherzen neue Triebe,
Die sich von diesem Glücke stillen lassen.
In ihren Münzen lässt sie Wahrheit schlagen,
Die Wahrheit, die sie dulden kann. Verworfen
Sind alle Stempel, die nicht diesem gleichen.
Doch was der Krone frommen kann – ist das
Auch mir genug? Darf meine Bruderliebe
Sich zur Verkürzung meines Bruders borgen?
Weiß ich ihn glücklich – eh er denken darf?
Mich wählen Sie nicht, Sire, Glückseligkeit,
Die *Sie* uns prägen, auszustreun. Ich muss
Mich weigern, diese Stempel auszugeben. –
Ich kann nicht Fürstendiener sein.

- Fassen Sie die Aussagen des Marquis Posa in Form eines Thesenpapiers (s. S. 122) zusammen.

- Tragen Sie den Dialog so vor, dass die dramatische Steigerung hörbar und sichtbar wird. Durch welche sprachlichen Mittel wird sie erreicht?

Johann Wolfgang von Goethe Iphigenie auf Tauris (1787)

Iphigenie, von der Göttin Artemis vom Opferaltar gerettet und auf die Insel Tauris entführt, hat den dort herrschenden König Thoas dazu bewogen, auf die rituelle Opferung eines jeden Fremden zu verzichten. Doch seinen Heiratsantrag lehnt sie ab.

Erster Aufzug. Dritter Auftritt
THOAS: Es spricht kein Gott; es spricht dein eignes Herz.
IPHIGENIE: Sie reden nur durch unser Herz zu uns.
THOAS: Und hab' ich, sie zu hören, nicht das Recht?
IPHIGENIE: Es überbraust der Sturm die zarte Stimme.
5 THOAS: Die Priesterin vernimmt sie wohl allein?
IPHIGENIE: Vor allen andern merke sie der Fürst.
THOAS: Dein heilig Amt und dein geerbtes Recht
   An Jovis Tisch bringt dich den Göttern näher
   Als einen erdgebornen Wilden.
10 IPHIGENIE: So
   Büß' ich nun das Vertraun, das du erzwangst.
THOAS: Ich bin ein Mensch; und besser ist's, wir enden.
   So bleibe denn mein Wort: Sei Priesterin
   Der Göttin, wie sie dich erkoren hat;
15   Doch mir verzeih' Diane, dass ich ihr
   Bisher, mit Unrecht und mit innerm Vorwurf,
   Die alten Opfer vorenthalten habe.
   Kein Fremder nahet glücklich unserm Ufer:
   Von alters her ist ihm der Tod gewiss.
20   Nur du hast mich mit einer Freundlichkeit,
   In der ich bald der zarten Tochter Liebe,
   Bald stille Neigung einer Braut zu sehn
   Mich tief erfreute, wie mit Zauberbanden
   Gefesselt, dass ich meiner Pflicht vergaß.
25   Du hattest mir die Sinnen eingewiegt,
   Das Murren meines Volks vernahm ich nicht;
   Nun rufen sie die Schuld von meines Sohnes
   Frühzeit'gem Tode lauter über mich.
   Um deinetwillen halt' ich länger nicht
30   Die Menge, die das Opfer dringend fordert.
IPHIGENIE: Um meinetwillen hab' ich's nie begehrt.
   Der missversteht die Himmlischen, der sie
   Blutgierig wähnt: Er dichtet ihnen nur
   Die eignen grausamen Begierden an.
35   Entzog die Göttin mich nicht selbst dem Priester?
   Ihr war mein Dienst willkommner als mein Tod.
THOAS: Es ziemt sich nicht für uns, den heiligen
   Gebrauch mit leicht beweglicher Vernunft

Nach unserm Sinn zu deuten und zu lenken.
40 Tu deine Pflicht, ich werde meine tun.
Zwei Fremde, die wir in des Ufers Höhlen
Versteckt gefunden, und die meinem Lande
Nichts Gutes bringen, sind in meiner Hand.
Mit diesen nehme deine Göttin wieder
45 Ihr erstes, rechtes, lang' entbehrtes Opfer!
Ich sende sie hierher; du weißt den Dienst.

Analyse des klassischen Dramas

Das Drama (gr. = Handlung) ist eine literarische Großform, in der ein Geschehen in Rede und Gegenrede (Monolog / Dialog) und szenischer Aktion (Regieanweisung) dargestellt wird. Der dramatische Konflikt entsteht entweder aus der Kollision des Helden mit gegensätzlichen Mächten oder er spielt sich in der Seele des Helden selbst ab. Das europäische Drama hat seine Wurzeln im antiken Griechenland. Aristoteles stellte für das Theater strenge, z.T. durch die Aufführungspraxis bedingte Regeln auf: Die Einheit von Handlung, Ort und Zeit, die dramatische Spannung durch die Dreistufigkeit des Aufbaus. Diese Regeln waren noch richtungsweisend für das deutsche »klassische« Drama. Das aristotelische Spannungsdreieck wurde erweitert; ein fünfstufiger Aufbau wurde zur Regel:

1. Akt: **Exposition** (Einführung in Ort, Zeit und Atmosphäre)
2. Akt: **Steigernde Handlung** (Entwicklung des Konflikts)
3. Akt: **Höhepunkt** (Peripetie = Entscheidung)
4. Akt: **Fallende Handlung** (retardierende Momente)
5. Akt: **Lösung / Katastrophe**

Das Versmaß des klassischen Dramas ist der Blankvers, d.h. ein fünfhebiger reimloser Jambus. Für die Analyse sind folgende Fragen wichtig:
– Welche Bedeutung hat der Ort der Handlung? (Ein Ort / verschiedene Orte? Bloßer Spielort oder Signifikanz für die Handlung?)
– Welche Rolle spielt die Wahl der Zeit? (Zeitdeckung / -sprünge? Dramatische Steigerung durch Zeitdruck?)
– Wie werden die Handlungselemente verknüpft? (Chronologische und kausale Abfolge der Szenen oder Sprünge?)
– Wie werden die Figuren dargestellt? (Homogene oder in sich widersprüchliche Charaktere? Bewusste reflektierte Aktionen oder schicksalhafte Entwicklung?)
– Wodurch entsteht der Konflikt? (Charaktere, Weltanschauungen, äußere Zwänge...)
– Wie entsprechen sich Form und Inhalt? (z.B. Dialogführung, Stichomythie, rhetorische Mittel im Monolog)

● Anlaysieren Sie den Dramenausschnitt mithilfe der oben genannten methodischen Hinweise. Wie beurteilen Sie Thoas' Argumente für die Wiedereinführung der Menschenopfer?

Weimar

Georg Büchner **Dantons Tod (1835)**

Büchner wählt für sein Drama einen kurzen Zeitabschnitt in der Spätphase der Revolution (24.3 – 5.4.1794). Die Revolutionsführer Robespierre und Danton sind unversöhnliche Gegner geworden. Danton wird gefangen genommen; er weiß, dass er der Revolution »geopfert« wird.
Die Hauptszenen des dritten und vierten Aktes spielen in der Conciergerie, dem Untersuchungsgefängnis, und vor dem Revolutionstribunal. Büchner hat für sein Stück exakte Quellenstudien betrieben; große Teile der Reden hat er unverändert aus den Dokumenten übernommen.

Dritter Akt. Vierte Szene
Das Revolutionstribunal

HERMAN *(zu Danton)*: Ihr Name, Bürger.

DANTON: Die Revolution nennt meinen Namen. Meine Wohnung ist bald im Nichts und mein Name im Pantheon der Geschichte.

HERMAN: Danton, der Konvent beschuldigt Sie, mit Mirabeau, mit Dumouriez, mit Orléans, mit den Girondisten, den Fremden und der Faktion Ludwigs des XVII. konspiriert zu haben.

DANTON: Meine Stimme, die ich so oft für die Sache des Volkes ertönen ließ, wird ohne Mühe die Verleumdung zurückweisen. Die Elenden, welche mich anklagen, mögen hier erscheinen, und ich werde sie mit Schande bedecken. Die Ausschüsse mögen sich hierher begeben, ich werde nur vor ihnen antworten. Ich habe sie als Kläger und als Zeugen nötig. Sie mögen sich zeigen.

Übrigens, was liegt mir an euch und eurem Urteil? Ich hab es euch schon gesagt: Das Nichts wird bald mein Asyl sein; – das Leben ist mir zur Last, man mag es mir entreißen, ich sehne mich danach, es abzuschütteln.

HERMAN: Danton, die Kühnheit ist dem Verbrecher, die Ruhe der Unschuld eigen.

DANTON: Privatkühnheit ist ohne Zweifel zu tadeln, aber jene Nationalkühnheit, die ich so oft gezeigt, mit welcher ich so oft für die Freiheit gekämpft habe, ist die verdienstvollste aller Tugenden. – Sie ist meine Kühnheit, sie ist es, der ich mich hier zum Besten der Republik gegen meine erbärmlichen Ankläger bediene. Kann ich mich fassen, wenn ich mich auf eine so niedrige Weise verleumdet sehe? – Von einem Revolutionär wie ich darf man keine kalte Verteidigung erwarten. Männer meines Schlages sind in Revolutionen unschätzbar, auf ihrer Stirne schwebt das Genie der Freiheit. *(Zeichen von Beifall unter den Zuhörern.)*

Mich klagt man an, mit Mirabeau, mit Dumouriez, mit Orléans konspiriert, zu den Füßen elender Despoten gekrochen zu haben; mich fordert man auf, vor der unentrinnbaren, unbeugsamen Gerechtigkeit zu antworten. – Du elender St. Just wirst der Nachwelt für diese Lästerung verantwortlich sein!

HERMAN: Ich fordere Sie auf, mit Ruhe zu antworten; gedenken Sie Marats, er trat mit Ehrfurcht vor seine Richter.

DANTON: Sie haben die Hände an mein ganzes Leben gelegt, so mag es sich denn aufrichten und ihnen entgegentreten; unter dem Gewichte jeder meiner Handlungen werde ich sie begraben. – Ich bin nicht stolz darauf. Das Schicksal führt uns den Arm, aber nur gewaltige Naturen sind seine Organe.

Ich habe auf dem Marsfelde dem Königtume den Krieg erklärt, ich habe es am 10. August geschlagen, ich habe es am 21. Januar getötet und den Königen einen Königskopf als Fehdehandschuh hingeworfen. *(Wiederholte Zeichen von Beifall. – Er nimmt die Anklageakte.)* Wenn ich einen Blick auf diese Schandschrift werfe, fühle ich mein ganzes Wesen beben. Wer sind denn die, welche Danton nötigen mussten, sich an jenem denkwürdigen Tage (dem 10. August) zu zeigen? Wer sind denn die privilegierten Wesen, von denen er seine Energie borgte? – Meine Ankläger mögen erscheinen! Ich bin ganz bei Sinnen, wenn ich es verlange. Ich werde die platten Schurken entlarven und sie in das Nichts zurückschleudern, aus dem sie hätten hervorkriechen sollen.

HERMAN *(schellt)*: Hören Sie die Klingel nicht?

DANTON: Die Stimme eines Menschen, welcher seine Ehre und sein Leben verteidigt, muss deine Schelle überschreien.

Ich habe im September die junge Brut der Revolution mit den zerstückten Leibern der Aristokraten geatzt. Meine Stimme war der Orkan, welcher die Satelliten des Despotismus unter Wogen von Bajonetten begrub. *(Lauter Beifall.)*

HERMAN: Danton, Ihre Stimme ist erschöpft, Sie sind zu heftig bewegt. Sie werden das nächste Mal Ihre Verteidigung beschließen, Sie haben Ruhe nötig. – Die Sitzung ist aufgehoben.

DANTON: Jetzt kennt Ihr Danton – noch wenige Stunden, und er wird in den Armen des Ruhmes entschlummern.

- Analysieren Sie den Textauszug im Hinblick auf die zentralen Aussagen Dantons. Zeigen Sie, welche rhetorischen Mittel er einsetzt, um seine Überzeugung zu verdeutlichen.

- Entwerfen und inszenieren Sie eine »Straßenszene«: Zuhörer berichten ihren Mitbürgern über die Verhandlung.

Horst Spittler **Romantik (1990)**

Die Annäherung an die Romantik wird dadurch erschwert, dass diese Epoche wie kaum eine andere mit Klischeevorstellungen besetzt ist, sofern sie überhaupt als eine historisch fixierbare Periode erfasst wird. Denn weitaus lebendiger als das Substantiv Romantik hat sich im allgemeinen Bewusstsein und Sprachgebrauch das Adjektiv romantisch erhalten, aber nicht bezogen auf die Epoche der Romantik, sondern zur Charakterisierung einer Landschaft oder einer Stadt, einer Stimmung oder eines Gefühls. Man wird nicht behaupten können, dass diese Verwendungsweise des Wortes romantisch nichts mit der historischen Epoche zu tun habe. Denn zum einen ist die Epochenbezeichnung Romantik aus dem Adjektiv romantisch abgeleitet und nicht umgekehrt. Zum anderen hat die umgangssprachliche Bedeutung des Wortes romantisch im heutigen Sprachgebrauch kaum eine Veränderung gegenüber der ursprünglichen erfahren (sieht man einmal ab von der noch älteren Bedeutungsschicht von romantisch = romanhaft). Als Beleg diene eine Passage aus einem Brief von Ludwig Tieck an Wilhelm Heinrich Wackenroder. Der Brief ist im Jahre 1792 geschrieben worden, also fünf Jahre vor dem Erscheinen von Wackenroders und Tiecks Gemeinschaftswerk *Herzensergießungen eines kunstliebenden Klosterbruders*, das häufig als Beginn der Romantik angesehen wird. [...] Diese Briefstelle enthält bereits so ziemlich alle Elemente, die sich bis heute mit der Vorstellung von »romantisch« verbinden: eine schauerlich-schöne Landschaft mit Bäumen, Felsen und Burgruinen im Mondenschein, das Träumen und das Sich-Versetzen in die Vergangenheit. Zum Klischee werden diese Vorstellungen nicht dadurch, dass sie mit dieser Epoche identifiziert werden. Die umgangssprachliche Bedeutung von romantisch steht nicht im Widerspruch zu der historischen Epoche, deckt sie aber bei weitem nicht ab. Dass die Gleichung romantisch = die Romantik betreffend nicht aufgeht, ergibt sich schon daraus, dass die Bezeichnung Romantik zunächst von den Gegnern dieser Bewegung auf deren Vertreter als Ausdruck der Verachtung angewandt worden ist, bevor diese sie in selbstbewusstem Trotz für sich übernahmen. [...] So wenig also die Romantik in einem grundsätzlichen Gegensatz zur Aufklärung steht, sondern sich gegen diese nur dort wendet, wo sie zu einer engstirnigen Rationalität verkommt, so wenig lässt sich die Romantik in einen grundsätzlichen Gegensatz zur Klassik bringen. Hier mag über lange Zeit Goethes berühmter, von Eckermann überlieferter Ausspruch »Das Klassische nenne ich das Gesunde, und das Romantische das Kranke« den Blick für das wahre Verhältnis zwischen beiden Epochen verstellt haben. Trotz gewisser Vorbehalte einzelner Romantiker Schiller gegenüber galt die Klassik ihnen insgesamt als literarisches Vorbild. Goethes Roman *Wilhelm Meister* rechnet Friedrich Schlegel zusammen mit der Französischen Revolution und Fichtes *Wissenschaftslehre* zu den »größten Tendenzen des Zeitalters«. Schließlich weist die Romantik auch mit den anderen Epochen des Zeitalters, der Empfindsamkeit und dem Sturm und Drang, die wie sie aus der Aufklärung hervorgegangen sind, Gemeinsamkeiten auf, mit dem Sturm und Drang vor allem die Rückbesinnung auf die alte Volksdichtung und das Mittelalter.

Diese Ergebnisse der neueren literarhistorischen Forschung führen unabweisbar zu der Frage, worin das genuin Romantische der Romantik besteht. Wenn man die

Anfänge der romantischen Bewegung und dessen Ausklang, wenn man also, um Namen zu nennen, Schlegel und Novalis einerseits und Eichendorff und Uhland andererseits miteinander vergleicht, so fällt es in der Tat schwer, diese auf einen gemeinsamen Nenner zu bringen. Die Diskrepanz zwischen der frühen und der späten Romantik hat man häufig mit dem Begriffspaar progressiv-reaktionär zu beschreiben versucht, womit nicht oder jedenfalls nicht nur politische Positionen bezeichnet werden. Dieser Wandel lässt sich indes auch im Leben und Werk derjenigen Romantiker beobachten, deren Schaffensperiode sich über den gesamten Zeitraum der Romantik erstreckt, am auffälligsten wohl bei Friedrich Schlegel, der die Französische Revolution als eins der bedeutendsten Ereignisse des Zeitalters würdigt und später in die Dienste Metternichs am Wiener Hof tritt. Vielleicht nicht so spektakuläre, aber nicht weniger deutliche Beispiele geben Brentano, der nach seiner Rückkehr zum katholischen Glauben der weltlichen Dichtung entsagt, und Tieck, dessen späte Novellen eindeutig biedermeierliche Züge tragen. Sucht man nach Gründen für diese Wandlungsprozesse, muss man zunächst die Entwicklung der politischen Verhältnisse in den Blick nehmen. Auf die von vielen Romantikern begrüßte Französische Revolution folgte Napoleon, der sich anschickte, ganz Europa unter seine Herrschaft zu zwingen. Angesichts dieser Bedrohung entwickelte sich in Deutschland eine national-patriotische Gesinnung, an der die Romantiker erheblichen Anteil hatten und die mit den Befreiungskriegen ihren Höhepunkt erreichte. Danach schloss sich nicht nur Friedrich Schlegel bereitwillig der Metternischen Restaurationspolitik an.

Friedrich von Hardenberg (Novalis)
»Wenn nicht mehr Zahlen und Figuren…« (1802)

Wenn nicht mehr Zahlen und Figuren
Sind Schlüssel aller Kreaturen,
Wenn die, so singen oder küssen,
Mehr als die Tiefgelehrten wissen,
Wenn sich die Welt ins freie Leben
Und in die Welt wird zurückbegeben,
Wenn dann sich wieder Licht und Schatten
Zu echter Klarheit wieder gatten,
Und man in Märchen und Gedichten
Erkennt die ew'gen Weltgeschichten,
Dann fliegt von einem geheimen Wort
Das ganze verkehrte Wesen fort.

- Sammeln Sie im Brainstorming-Verfahren (s. S. 118) Begriffe, die Sie mit »Romantik« oder »romantisch« assoziieren. Vergleichen Sie Ihre Ergebnisse mit den Aussagen von H. Spittler. Wie begründet er die »Diskrepanz« innerhalb der Romantik?

- Untersuchen Sie den Aufbau des Gedichts von Novalis ausgehend von der Satzstruktur. Zeigen Sie Entsprechungen zum Inhalt auf, beachten Sie dabei die gegensätzlichen Begriffe. Skizzieren Sie die utopischen Vorstellungen des Dichters von einer anderen, einer besseren Welt.

Friedrich Schlegel **Athenaeums-Fragmente (1798)**

Die vollkommene Republik müsste nicht bloß demokratisch, sondern zugleich auch aristokratisch und monarchisch sein; innerhalb der Gesetzgebung der Freiheit und Gleichheit müsste das Gebildete das Ungebildete überwiegen und leiten, und alles sich zu einem absoluten Ganzen organisieren. [...]

Man kann die Französische Revolution als das größte und merkwürdigste Phänomen der Staatengeschichte betrachten, als ein fast universelles Erdbeben, eine unermessliche Überschwemmung in der politischen Welt; oder als ein Urbild der Revolutionen, als die Revolution schlechthin. Das sind die gewöhnlichen Gesichtspunkte. Man kann sie aber auch betrachten als den Mittelpunkt und den Gipfel des französischen Nationalcharakters, wo alle Paradoxien desselben zusammengedrängt sind; als die furchtbarste Groteske des Zeitalters, wo die tiefsinnigsten Vorurteile und die gewaltsamsten Ahndungen desselben in ein grausames Chaos gemischt, zu einer ungeheuren Tragikomödie der Menschheit so bizarr als möglich verwebt sind. Zur Ausführung dieser historischen Ansichten findet man nur noch einzelne Züge.

Novalis **Glauben und Liebe (1798)**

22. Es wird eine Zeit kommen und das bald, wo man allgemein überzeugt sein wird, dass kein König ohne Republik und keine Republik ohne König bestehn könne, dass beide so unteilbar sind wie Körper und Seele, und dass ein König ohne Republik, und eine Republik ohne König, nur Worte ohne Bedeutung sind. Daher entstand mit einer echten Republik immer ein König zugleich, und mit einem echten König eine Republik zugleich. Der echte König wird Republik, die echte Republik wird König.

23. Diejenigen, die in unsern Tagen gegen Fürsten, als solche, deklamieren und nirgends Heil statuieren als in der neuen, französischen Manier, auch die Republik nur unter der repräsentativen Form erkennen und apodiktisch behaupten, dass nur da Republik sei, wo es Primär- und Wahlversammlungen, Direktorium und Räte, Munizipalitäten und Freiheitsbäume gäbe, die sind armselige Philister, leer an Geist und arm an Herzen, Buchstäbler, die ihre Seichtigkeit und innerliche Blöße hinter den bunten Fahnen der triumphierenden Mode, unter der imposanten Maske des Kosmopolitismus zu verstecken suchen, und die Gegner wie die Obskuranten verdienen, damit der Frosch- und Mäusekrieg vollkommen versinnlicht werde.

- Vergleichen Sie die politischen Vorstellungen von Schlegel und Novalis.
- Inwiefern können bedeutsame literarische Werke der Epochen Klassik und Romantik als Reaktion auf die Französische Revolution verstanden werden?

Mythos Weimar – Vermächtnis und Vermarktung

- In welcher Beziehung stehen die beiden Denkmäler zu Weimar? Recherchieren Sie die Hintergründe für ihre Errichtung.
- Was ist ein Denkmal / ein Mahnmal? Suchen Sie nach Definitionen, Umschreibungen, Synonymen, Beispielen... Worauf wurde / wird bei der Gestaltung bestimmter Denkmäler besonderer Wert gelegt?
- Führen Sie in Ihrer Heimatstadt oder in einer Großstadt in Ihrer Nähe eine »Denkmal-Rallye« durch: Welche Denkmäler finden Sie? Dokumentieren Sie Ihre Entdeckungen mit Fotos und Kommentaren.

Karl Carstens Zum 150. Todestag von Johann Wolfgang von Goethe

Bundespräsident Karl Carstens zum 150. Todestag von Johann Wolfgang von Goethe am 22. März 1982 im Ernst-Moritz-Arndt-Gymnasium in Bonn.

Herr Oberbürgermeister, Herr Bundesminister, meine Herren Botschafter, liebe Schülerinnen und Schüler!

Als Goethe heute vor 150 Jahren starb, hielt die Welt den Atem an. Es war ein Engländer, Thomas Carlyle, der in seinem Nachruf schrieb: »So ist denn unser Größter von uns gegangen.« Er sagte »unser« Größter – denn Goethe war schon zu Lebzeiten Besitz der ganzen Menschheit. [...]

Und so erinnern auch wir uns denn am 150. Todestag unseres größten Dichters, die Nation erinnert sich eines ihrer größten Söhne!

Die Art, wie wir Goethe gedenken, kann aber nicht oder doch nicht hauptsächlich im Sinne des Vorzeigens, des Besitzergreifens, der bloßen Traditionspflege, des Einverleibens in einen Kanon nationaler Heiligtümer vor sich gehen. Ein solcher Goethe wäre uns nichts nütze, wir würden einen Toten feiern.

Wir haben nur dann ein wirkliches Recht, uns seiner zu rühmen, wenn etwas von ihm bei uns wirksam geblieben ist, oder wenn dieser Tag mit seiner Besinnung auf Goethe wenigstens etwas zum Leben erweckt.

Und so wollen wir nach dem fragen, was Goethe unserem Volk und der Menschheit so liebens- und verehrenswert machte, und was er uns heute bedeuten kann: Wir wollen, kurz nur, von seiner Dichtung sprechen und dann davon, wie der Mensch Goethe Leben und Dasein begriff. [...]

Er möchte uns anhalten, uns mit Tapferkeit unseren Aufgaben zu widmen und, wenn nötig, auch Entsagung zu üben. Er lehrt uns den Mut zum Leben und seine freudige Bejahung. Die Stimme Goethes redet mit großer Milde, Nachsicht und Liebe auch heute noch, 150 Jahre nachdem sie erloschen, zu uns. Es ist eine Stimme der Ermutigung, des Zuspruchs und der Aufforderung, uns zu betätigen, zu läutern und zu freuen – zu freuen an der Natur, an der Welt und an all dem Großen und Schönen, was sie birgt und an dem wir teilhaben können. [...]

Der Umgang mit Goethe lässt uns erkennen, welche Möglichkeiten im Deutschsein liegen. Und woher, wenn nicht aus den Werken unserer großen Dichter, wollten wir wissen, was deutsch ist und woran wir uns halten, worauf wir auch als Deutsche stolz sein können? Weil Goethe – ich wiederhole es – als Mensch zu den Größten gehörte, die unser Land hervorgebracht hat, steht er vor uns mit seinem Leben, seinem Werk und seinem Rat als einer, der uns zur Bestimmung unseres eigenen Standorts verhelfen, der uns helfen kann, uns selbst zu finden.

Hans-Joachim Hoffmann Werk und Vermächtnis Goethes

Rede des Ministers für Kultur der DDR auf dem Festakt des ZK der SED, des Staatsrates und des Ministerrates der Deutschen Demokratischen Republik aus Anlass des 150. Todestages von Johann Wolfgang von Goethe am 22. März 1982, gehalten im Deutschen Nationaltheater Weimar.

Weimar

Einhundertfünfzig Jahre sind vergangen, seit Johann Wolfgang von Goethe, eine der großen Gestalten der Geschichte des Geisteslebens, der Wissenschaft und Kultur, gestorben ist. Wir denken an ihn mit Liebe und Verehrung. Sein Genius wirkt fort in unserem Leben und wird auch künftigen Generationen Anregung, Wissen und geistiges Vergnügen vermitteln.

Je stärker und vielfältiger sich die entwickelte sozialistische Gesellschaft ausbildet, desto dringender bedarf sie der großen Erfahrungen der vergangenen Epochen und der kritischen Aneignung des gesamten historischen Erbes, besonders auch der überlieferten gewaltigen geistig-kulturellen Schätze. Den Traditionen der revolutionären Arbeiterbewegung getreu haben wir uns in der Deutschen Demokratischen Republik stets bemüht, das Vermächtnis der großen Persönlichkeiten des deutschen Volkes mit dem gesellschaftlichen Leben unserer Zeit zu verbinden. Wir strebten stets danach, das Erbe der Völker und unseres eigenen Volkes von Verfälschungen und Verunglimpfungen zu befreien. Das war eine der grundlegenden Bedingungen, um im Bündnis mit der Sowjetunion und allen fortschrittlichen Kräften der Welt eine wahrhaft freie Gesellschaft zu errichten. Die Freiheit von Ausbeutung für die Arbeiterklasse, die Bauern und alle anderen Werktätigen brachte ihnen auch die Freiheit, ihre geistig-kulturellen Kräfte zu entfalten und sich alle Werte der Bildung und Kultur anzueignen.

Wenn wir dazu auffordern, Überkommenes in aller Breite und Tiefe produktiv-kritisch zu sichten und zu nutzen, müssen wir auch werten und bewerten. Ohne genaue Kenntnis, Differenzierung ist das, was wir als Erbe nennen, nicht zu gewinnen. Gehen wir doch bei dem Begriff »Erbe« nicht von einem abstrakten Ideal aus, sondern vor allem von dem, was bei verständnisvollem Anerkennen des historisch Bedingten uns geistig und kulturell zu bereichern vermag, deshalb vor allem, weil wir nicht nur Erben sind, sondern Menschen, die Neues hervorbringen, die das Erbe schöpferisch weiter entwickeln müssen, um den großen Aufgaben unserer Epoche gerecht zu werden. Die Kontinuität, mit der sich die deutsche revolutionäre Arbeiterbewegung der deutschen Klassik, vor allem Goethe und Schiller, seit jeher zugewandt hat, ist seit Anbeginn unserer staatlich-gesellschaftlichen Entwicklung in der Deutschen Demokratischen Republik Merkmal unserer sozialistischen Nationalkultur. [...] Unter diesem Gesichtspunkt ist uns Goethe immer nahe gewesen in den Jahren unseres sozialistischen Aufbaus, ein guter Geist, der an der Entstehung eines neuen, sozialistischen Bewusstseins, das den künftigen Menschheitsaufgaben entspricht, seinen Anteil hatte.

● Analysieren Sie die Redeauszüge und vergleichen Sie die Positionen der beiden Redner in Form einer tabellarischen Gegenüberstellung:

Vergleichsaspekt	Carstens	Hoffmann
Anlass	Goethes Todestag	Goethes Todestag
Publikum (Zielgruppe)	Schüler und Politiker	SED-Mitglieder
Zentrale Aussagen	...	...
Intention		
Rhetorische Mittel		

Parodien verstehen und verfassen

Parodie (grch.: parodia) bedeutet wörtlich »Neben-Gesang«. Es handelt sich dabei um eine Spielart der Nachdichtung, in der die Form des Originaltextes übernommen, der Inhalt aber durch einen anderen ersetzt wird, um durch den Kontrast zur Form eine komische oder polemische Wirkung zu erreichen. Die Parodie will häufig Kritik üben, aber nicht unbedingt an einem bestimmten Werk, sondern ganz allgemein an Bildungskonventionen. Sie kann jedoch nicht nur anprangern, sondern gleichzeitig immanent zur Beseitigung von Missständen aufrufen.

Um eine Parodie verstehen und deren komische oder polemische Absicht erfassen zu können, muss der Leser den ursprünglichen Text gut kennen. Deshalb werden allgemein bekannte Texte am häufigsten parodiert (z.B. Kinderlieder, aber auch Werbesprüche). Der Verfasser einer gelungenen Parodie muss das Original »durchschimmern« lassen, d.h. einprägsame Gestaltungsmittel übernehmen (bei lyrischen Texten z.B. Versmaß, Rhythmus, Reimschema, evtl. Reimwörter), aber sinntragende Wörter auswechseln.

Mögliche Frageaspekte zur Interpretation von Parodien: behandeltes Thema im Ursprungstext, Art der »Verkehrung«, Rolle von Humor, Scherz, Spott, Ironie oder Polemik, Adressat, Intention, Verbreitung.

Parodien können auch auf der Grundlage von Gedichten, Liedern, Reden, Werbeanzeigen usw. in Gruppen erstellt und ggf. anschließend im Plenum vorgetragen werden.

Johann Wolfgang von Goethe
Wandrers Nachtlied (1780)

Über allen Gipfeln
Ist Ruh,
In allen Wipfeln
Spürest du
Kaum einen Hauch;
Die Vögelein schweigen im Walde.
Warte nur, balde
Ruhest du auch.

Werbespruch
Für die »Rumplex«-Waschmaschinenfabrik im Jahre 1924

Über allen Räumen ist Ruh.
Vom Waschtag spürest du
Kaum einen Hauch!
Warte nur, balde...
Rumplext du auch!

- Warum ist Ihrer Meinung nach dieses Gedicht so bekannt geworden und hat zu so vielen Nachdichtungen angeregt?

- Versuchen Sie selbst, eine für Sie wichtige Aussage in die von Goethe vorgegebene Form zu »verpacken«.

Johann Wolfgang von Goethe Urworte, Orphisch (1817)

ΔΑΙΜΩΝ, Dämon
Wie an dem Tag, der dich der Welt verliehen,
die Sonne stand zum Gruße der Planeten,
bist alsobald und fort und fort gediehen
nach dem Gesetz, wonach du angetreten.
So musst du sein, dir kannst du nicht entfliehen,
so sagten schon Sibyllen, so Propheten;
und keine Zeit und keine Macht zerstückelt
geprägte Form, die lebend sich entwickelt.

TYXH. Das Zufällige
Die strenge Grenze doch umgeht gefällig
ein Wandelndes, das mit und um uns wandelt;
nicht einsam bleibst du, bildest dich gesellig
und handelst wohl so, wie ein andrer handelt:
Im Leben ist's bald hin-, bald widerfällig,
es ist ein Tand und wird so durchgetandelt.
Schon hat sich still der Jahre Kreis gerundet,
die Lampe harrt der Flamme, die entzündet.

Robert Gernhardt Unworte, Optisch (2000)

DÄMON, Trash
Seit jenem Tag, da Pfiffige begriffen,
Der Bilder Flut werd' alle Dämme brechen,
War zugleich klar: Auf Anstand ist gepfiffen.
Die Welt will Dreck. Nun soll sie dafür blechen.
Und wenn dabei Herz, Seele, Aug' und Hirn versiffen –
Das Bild bringt Geld. Und das gehört den Frechen.
Denn keine Zeit und keine Macht entwickelt
Entseelten Sinn, von Bubenhand zerstückelt.

DAS ZUFÄLLIGE, Talk
Am Anfang war der Tratsch. Den zu beklatschen
Blieb freilich uns Schlawinern vorbehalten.
Wer andern dabei zuschaut, wie sie quatschen,
Zählt selber zu der Herde der Beknallten,
Die rastlos jeden Rest von Zweck zermatschen,
Dem Redekünste frührer Zeiten galten.
Ratsch! Bricht das weg, worauf Gespräch gegründet,
Wenn nur noch zählt, was als Gerede zündet.

● Analysieren Sie die formalen Mittel, mit denen Goethe seine Gedichtstrophen gestaltet und zeigen Sie, wie sich Form und Aussage entsprechen.

● Beschreiben Sie auch das Verhältnis von Form und Inhalt in Robert Gernhardts Versen. Stellen Sie den Bezug zu Goethe her. Welche typischen Merkmale einer Parodie entdecken Sie dabei?

Friedrich Schiller **Würde der Frauen (1796)**

Ehret die Frauen! Sie flechten und weben
Himmlische Rosen ins irdische Leben,
Flechten der Liebe beglückendes Band.
Sicher in ihren bewahrenden Händen
5 Ruht, was die Männer mit Leichtsinn verschwenden,
Ruhet der Menschheit geheiligtes Pfand.

Ewig aus der Wahrheit Schranken
Schweift des Mannes wilde Kraft,
Und die irren Tritte wanken
10 Auf dem Meer der Leidenschaft.
Gierig greift er in die Ferne,
Nimmer wird sein Herz gestillt,
Rastlos durch entlegne Sterne
Jagt er seines Traumes Bild.

August Wilhelm Schlegel **Schillers Lob der Frauen (1799)**

Ehret die Frauen! Sie stricken die Strümpfe,
Wollig und warm, zu durchwaten die Sümpfe,
Flicken zerrissene Pantalons aus;

Kochen dem Manne die kräftigen Suppen,
5 Putzen den Kindern die niedlichen Puppen,
Halten mit mäßigem Wochengeld Haus.

Abendgesellschaft bei Ludwig Tieck.

Doch der Mann, der tölpelhafte
Find't am Zarten nicht Geschmack.
Zum gegornen Gerstensafte
10 Raucht er immerfort Tabak;
Brummt, wie Bären an der Kette,
Knufft die Kinder spät und früh;
Und dem Weibchen, nachts im Bette,
15 Kehrt er gleich den Rücken zu. usw.

- A.W. Schlegel trug seine Parodie im Herbst 1799 im Freundeskreis vor. Sie löste – vor allem bei den anwesenden Frauen – schallendes Gelächter aus. Warum konnte Schlegel bei seinen Freunden mit positiver Resonanz rechnen?

Werke-Mikado

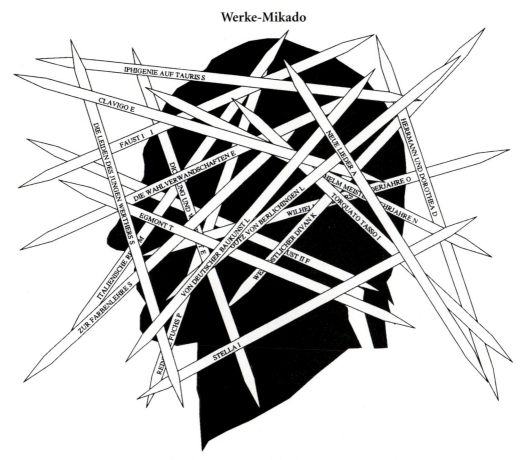

Anleitung: In der gleichen Reihenfolge, wie die Stäbchen von »oben« nach »unten« weggenommen werden können, hat Goethe die Werke geschrieben, deren Titel auf den Stäbchen stehen. Die Buchstaben nach dem Ende jedes Werktitels ergeben in der Zugreihenfolge die Lösung.

- Erörtern Sie, warum Klassiker erfolgreich zu Unterhaltungs- und Werbezwecken genutzt werden können. Was hat sie so »populär« gemacht?

- Verfassen Sie am Ende der Unterrichtseinheit einen ganz persönlichen Text zu der Frage: Haben die Klassiker eine Überlebenschance? Wählen Sie die Textart, mit der Sie Ihre Aussage am besten vermitteln können. Tauschen Sie Ihre Texte aus und ziehen Sie ein (kritisches) Schluss-Resümee.

- Sammeln Sie Bilder, Dokumente, Briefmarken, Original-Zitate, Karikaturen, Parodien und journalistische Texte von Klassikern / über Klassiker für eine Wandzeitung (s. S. 122). Laden Sie Mitschülerinnen und Mitschüler, Lehrerinnen und Lehrer zur Präsentation und anschließenden Diskussion ein. Das Thema könnte lauten: »Epochenschwelle 1800 – Epochenschwelle 2000. Tradition und neues Bewusstsein.«

Weimar

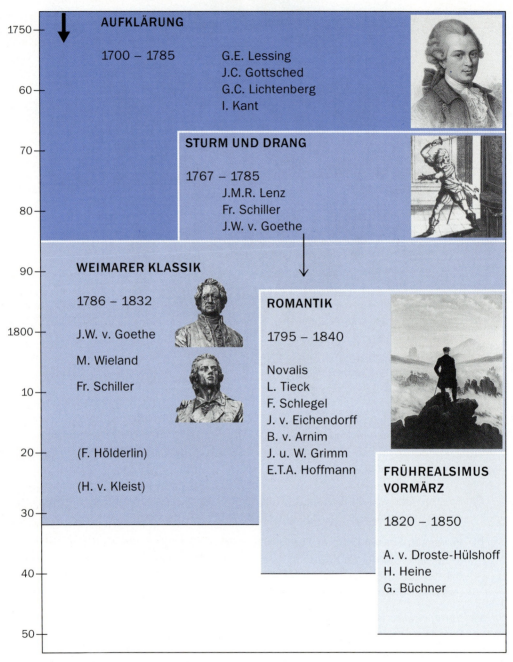

Epochen der deutschen Literatur um 1800
Die Gleichzeitigkeit des Ungleichzeitigen

AUFKLÄRUNG
1700 – 1785
G.E. Lessing
J.C. Gottsched
G.C. Lichtenberg
I. Kant

STURM UND DRANG
1767 – 1785
J.M.R. Lenz
Fr. Schiller
J.W. v. Goethe

WEIMARER KLASSIK
1786 – 1832
J.W. v. Goethe
M. Wieland
Fr. Schiller
(F. Hölderlin)
(H. v. Kleist)

ROMANTIK
1795 – 1840
Novalis
L. Tieck
F. Schlegel
J. v. Eichendorff
B. v. Arnim
J. u. W. Grimm
E.T.A. Hoffmann

FRÜHREALISMUS VORMÄRZ
1820 – 1850
A. v. Droste-Hülshoff
H. Heine
G. Büchner

● Erläutern und diskutieren Sie Möglichkeiten und Grenzen einer solchen Darstellung für Ihren Deutschunterricht. Welche Ergänzungen erscheinen Ihnen notwendig?

Klausurtraining

Friedrich Schiller **Don Carlos (1787)**

MARQUIS: Gehn Sie Europens Königen voran.
Ein Federzug von dieser Hand, und neu
Erschaffen wird die Erde. Geben Sie
Gedankenfreiheit. – *(Sich ihm zu Füßen werfend)*
KÖNIG *(überrascht, das Gesicht weggewandt und dann wieder auf den Marquis geheftet)*:
Sonderbarer Schwärmer!
Doch – stehet auf – ich –
MARQUIS: Sehen Sie sich um
In seiner herrlichen Natur! Auf Freiheit
Ist sie gegründet – und wie reich ist sie
Durch Freiheit! Er, der große Schöpfer, wirft
In einen Tropfen Tau den Wurm, und lässt
Noch in den toten Räumen der Verwesung
Die Willkür sich ergetzen – [...]
KÖNIG: Und wollet Ihr es unternehmen, dies
Erhabne Muster in der Sterblichkeit
In meinen Staaten nachzubilden?
MARQUIS: Sie,
Sie können es. Wer anders? Weihen Sie
Dem Glück der Völker die Regentenschaft,
Die – ach so lang – des Thrones Größe nur
Gewuchert hatte – Stellen Sie der Menschheit
Verlornen Adel wieder her. Der Bürger
Sei wiederum, was er zuvor gewesen,
Der Krone Zweck – ihn binde keine Pflicht
Als seiner Brüder gleich ehrwürd'ge Rechte.
Wenn nun der Mensch, sich selbst zurückgegeben,
Zu seines Werts Gefühl erwacht – der Freiheit
Erhabne, stolze Tugenden gedeihen –
Dann, Sire, wenn Sie zum glücklichsten der Welt
Ihr eignes Königreich gemacht – dann ist
Es Ihre Pflicht, die Welt zu unterwerfen.
KÖNIG *(nach einem großen Stillschweigen)*:
Ich ließ Euch bis zu Ende reden – Anders,
Begreif ich wohl, als sonst in Menschenköpfen
Malt sich in diesem Kopf die Welt – auch will
Ich fremdem Maßstab Euch nicht unterwerfen.
Ich bin der Erste, dem Ihr Euer Innerstes
Enthüllt. Ich glaub es, weil ich's weiß. Um dieser
Enthaltung willen, solche Meinungen,
Mit solchem Feuer doch umfasst, verschwiegen
Zu haben bis auf diesen Tag – um dieser
Bescheidnen Klugheit willen, junger Mann,
Will ich vergessen, dass ich sie erfahren,
Und wie ich sie erfahren. Stehet auf.
Ich will den Jüngling, der sich übereilte,
Als Greis und nicht als König widerlegen.
Ich will es, weil ich's will – Gift also selbst,
Find ich, kann in gutartigen Naturen
Zu etwas Besserm sich veredeln – Aber
Flieht meine Inquisition. – Es sollte
Mir Leid tun –

● Analysieren Sie die Dialogführung (Rede-Anteile, Argumentation und Appell, Regieanweisungen).

● Interpretieren Sie die letzte Textpassage (ab »*nach einem großen Stillschweigen*«). Wie charakterisiert sich darin der König selbst als Mensch und als Machthaber?

Wien – Epochenumbruch 19./20. Jahrhundert

»Siehst du die Stadt, wie sie da drüben ruht,
Sich flüsternd schmiegt in das Kleid der Nacht?
Es gießt der Mond der Siberseide Flut
Auf sie herab in zauberischer Pracht.«
(Hugo von Hofmannsthal:
»Siehst du die Stadt?«, 1890)

Es wird a Wein sein,
und wir wird'n nimmer sein,
drum g'niaß ma's Leb'n,
bevor's uns reut.
's wird schöne Madl'n geb'n,
und mir wird'n nimmer leb'n,
drum greif ma zua g'rad is no Zeit.
(Heurigenlied)

aus Wien kann man nur gleich wieder verschwinden oder sich umbringen
(Thomas Bernhard: Heldenplatz, 1988)

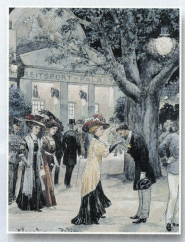
Abends im Wiener Prater, um 1900

...hier waren alle Ströme europäischer Kultur zusammengeflossen... und es war das eigentliche Genie dieser Stadt der Musik, alle diese Kontraste harmonisch aufzulösen in ein Neues und Eigenartiges, in das Österreichische, in das Wienerische.   (Stefan Zweig: Die Welt von gestern, 1942)

Lerntagebuch

Ein Lerntagebuch ist eine Form der erweiterten Mitschrift während und im Anschluss an den Unterricht und kann wie folgt gestaltet werden:

Thema der Stunde:		Datum:	
Für mich wichtige Ergebnisse aus dem Unterricht:			
Was möchte ich vertiefen?		**Was muss ich noch klären?**	
Fragen zu meiner weiteren Arbeit:			
Problem (Was bleibt noch zu tun?)	Methode (Wie gehe ich dabei vor?)	Zeitbudget (Wann erledige ich was?)	Kooperation (Mit wem arbeite ich zusammen?)
Was ist mir bezüglich meiner Person aufgefallen?		**Wie gehe ich damit um?**	
Was ist mir bezüglich der Mitschüler aufgefallen?		**Wie gehe ich damit um?**	

- Vergleichen Sie die Stimmungsbilder. Berücksichtigen Sie die jeweilige Entstehungszeit der Texte.
- Erstellen Sie im Kurs eine Zeitleiste von 1880 – 1930, in die während der Arbeit wichtige Daten aus Politik, Gesellschaft, Wissenschaft und Kultur im Wien der Jahrhundertwende eingetragen werden.
- Führen Sie begleitend zum Unterrichtsvorhaben »Wien – Epochenumbruch 19. / 20. Jahrhundert« ein Lerntagebuch. Nehmen Sie dabei die oben genannten methodischen Anregungen als Hilfestellung.

Wien

 ## Stadt der Gegensätze

Joseph Roth **Radetzkymarsch (1932)**

Der Titel des Romans greift auf den Namen des volkstümlichen Feldmarschalls Graf Radetzky (1766–1858) und den ihm gewidmeten Marsch zurück.

Der Bezirkshauptmann, vom Alkohol, von der sonderlichen Umgebung und von den ungewöhnlichen Reden des Grafen in einen nie gekannten, beinahe verzauberten Zustand versetzt, blickte verstohlen auf seinen Sohn, lediglich, um einen vertrauten und nahen Menschen zu sehn. Aber auch Carl Joseph schien ihm gar nicht mehr vertraut und nahe! Vielleicht hatte Chojnicki richtig gesprochen, und sie waren in der Tat alle nicht mehr da: das Vaterland nicht und nicht der Bezirkshauptmann und nicht der Sohn! Mit großer Anstrengung brachte Herr von Trotta noch die Frage zustande: »Ich verstehe nicht! Wie sollte die Monarchie nicht mehr dasein?« »Natürlich!«, erwiderte Chojnicki, »wörtlich genommen, besteht sie noch. Wir haben noch eine Armee« – der Graf wies auf den Leutnant – »und Beamte« – der Graf zeigte auf den Bezirkshauptmann. »Aber sie zerfällt bei lebendigem Leibe. Sie zerfällt, sie ist schon verfallen! Ein Greis, dem Tode geweiht, von jedem Schnupfen gefährdet, hält den alten Thron, einfach durch das Wunder, dass er auf ihm noch sitzen kann. Wie lange noch, wie lange noch? Die Zeit will uns nicht mehr! Diese Zeit will sich erst selbstständige Nationalstaaten schaffen! Man glaubt nicht mehr an Gott. Die neue Religion ist der Nationalismus. Die Völker gehn nicht mehr in die Kirchen. Sie gehn in nationale Vereine. Die Monarchie, unsere Monarchie, ist gegründet auf der Frömmigkeit: auf dem Glauben, dass Gott die Habsburger erwählt hat, über soundso viel christliche Völker zu regieren. Unser Kaiser ist ein weltlicher Bruder des Papstes, es ist Seine K. u. K. Apostolische Majestät, keine andere wie er apostolisch, keine andere Majestät in Europa so abhängig von der Gnade Gottes und vom Glauben der Völker an die Gnade Gottes. Der deutsche Kaiser regiert, wenn Gott ihn verlässt, immer noch; eventuell von der Gnade der Nation. Der Kaiser von Österreich-Ungarn darf nicht von Gott verlassen werden. Nun aber hat ihn Gott verlassen!« Der Bezirkshauptmann erhob sich. Niemals hätte er geglaubt, dass es einen Menschen in der Welt gebe, der sagen könnte, Gott habe den Kaiser verlassen. [...] »Verloren sind wir, Sie und Ihr Sohn und ich. Wir sind, sage ich, die Letzten einer Welt, in der Gott noch die Majestäten begnadet und Verrückte wie ich Gold machen. Hören Sie! Sehen Sie!« Und Chojnicki erhob sich, ging an die Tür, drehte einen Schalter, und an dem großen Lüster erstrahlten die Lampen. »Sehen Sie!«, sagte Chojnicki [...] »Im Schloss Franz Josephs brennt man oft noch Kerzen! Begreifen Sie? Durch Nitroglyzerin und Elektrizität werden wir zugrunde gehn! Es dauert gar nicht mehr lang!«

- Stellen Sie in Kurzreferaten (s. S. 120) einige Aspekte aus Politik und Gesellschaft der k.u.k.-Monarchie vor (Aspekte des Vielvölkerstaats, Regierungsform, Rolle des Militärs, Gesellschaftsstruktur).

- Stellen Sie anhand der Darstellung Graf Chojnickis das alte bzw. neue Österreich-Bild dar (z.B. im Schaubild). Stellen Sie einen Bezug zum Titel her.

Felix Salten Aus den Anfängen (1923)

In dem Nachtkaffeehaus, das wir oft besuchten, weil ja eine gewisse Verruchtheit damals mit zu dem Gehaben junger Dichter gehörte und weil das Nachtcafé und das Dirnentum, wie wir glaubten, zu dem Inventar des fin de siècle gezählt wurde; in diesem Nachtkaffeehaus, das längst schon verschwunden ist, saß regelmäßig ein noch
5 junger Mann, nachlässig gekleidet, mit hängendem dichten Schnurrbart, dessen Gesellschaft außerordentlich amüsant war. Er hieß Richard Engländer und beschäftigte sich mit dem Verkauf importierter ägyptischer Zigaretten.

Richard Beer-Hofmann[1] lud uns nun eines Tages zu sich und hielt uns eine kleine Ansprache. Er sagte, er werde uns jetzt ein Manuskript vorlesen, dabei gab er sein
10 Ehrenwort, dass er es nicht verfasst habe [...]. Dann las er uns »Seeufer« vor. Als er den hellen Jubel sah und hörte, mit dem wir diese zarte Dichtung empfingen, las er noch eine ganze Anzahl anderer kleiner Prosastücke und wir einigten uns sofort, dass es Meisterwerke seien, von einer neuartigen Schönheit und von einem ganz besonderen Duft. Wie groß war unser Erstaunen, als uns nun Beer-Hofmann voll Freude
15 mitteilte, der Schöpfer dieser Gedichte in Prosa sei Richard Engländer, der Zigarettenagent aus dem Nachtcafé. Es wurde beschlossen, alle Manuskripte an den Verleger Fischer zu senden, der sich denn auch sofort bereit erklärte, das Buch zu veröffentlichen. Wir hatten einen Dichter entdeckt: Peter Altenberg.

Peter Altenberg Kaffeehaus (1918)

Du hast Sorgen, sei es diese, sei es jene - - - ins *Kaffeehaus!*
Sie kann, aus irgendeinem, wenn auch noch so plausiblen
Grunde, nicht zu dir kommen - - - ins *Kaffeehaus!*
Du hast zerrissene Stiefel - - - *Kaffeehaus!*
5 Du hast 400 Kronen Gehalt und gibst 500 aus - - - *Kaffeehaus!*
Du bist korrekt sparsam und gönnst dir nichts - - - *Kaffeehaus!*
Du bist Beamter und wärest gern Arzt geworden - - - *Kaffeehaus!*
Du findest Keine, die dir passt - - - *Kaffeehaus!*
Du stehst innerlich vor dem Selbstmord - - - *Kaffeehaus!*
10 Du hasst und verachtest die Menschen und kannst sie dennoch nicht missen - - - *Kaffeehaus!*
Man kreditiert dir nirgends mehr - - - *Kaffeehaus!*

● Jeder Kursteilnehmer bringt zwei bis drei Gegenstände mit, die er mit dem Thema Kaffee(haus) verbindet. Platzieren Sie in einer Ecke des Kursraumes Ihre mitgebrachten Gegenstände. Wählen Sie anschließend in Kleingruppen einige Gegenstände aus und spielen Sie eine kleine Kaffeehausszene.

● Zeigen Sie anhand der beiden Texte die Bedeutung des Kaffeehauses für die Wiener Gesellschaft und den damaligen Literaturbetrieb auf. Welcher Ort könnte Ihrer Meinung nach heute seine Funktion übernehmen? Schreiben Sie P. Altenbergs Text entsprechend um.

---

[1] (1866–1945) Schriftsteller und Regisseur, befreundet mit H. v. Hofmannsthal und A. Schnitzler

Peter Altenberg **Sonnenuntergang im Prater (1896)**

Blumen-Korso
Sechs Uhr früh. Es ist trocken, kühl, der Himmel weißlichblau, »bleu-lacté«, würden die französischen Schriftsteller sagen - - -.
Eine Blumenhandlung von falschen Blumen schlägt ihre Lider auf, graue Holzläden. In der staubigen Auslage blüht der Frühling, Schleedornröschen; der Sommer, Kornblumen; der Herbst, rosa und lila Astern und die Federkugeln von Leontodon.
Ein blasses Ladenmädchen trägt weiße Rosen heraus, bekränzt einen Wagen, der vor der Türe steht. Die Blumen riechen wie alte Mousseline-Kleider.
Blumenkorso - - - für Nachmittag vier Uhr! Logen-Sitze fünf Kronen! Es soll Geld unter die Leute kommen, Tausende verdienen indirekt, hat man eine Idee?! Es geht herunter bis zum - - -. Niemand kann es ausdenken. Auf der Gasse steht ein junges Weib mit einem schlafenden Kinde, starrt das »fliegende Rosenbeet« an, ein Stückchen einer »feenhaften Welt«, Rosen und Fiaker, das Mysterium des »schönen Überflüssigen«!
Das Kind schläft tief in der reinen Morgenluft –.
Vom ersten Stocke herab blickt eine junge Dirne im Hemde zwischen weißen Stores hervor: »Soll ich den Wagen mieten, soll ich nicht, soll ich, soll ich nicht, soll ich - - -?!
Das Ladenmädchen blickt hinauf: »Du Mistvieh –!«
Das Ladenmädchen gähnt, steckt dem Kutscher eine Rose ins Knopfloch.
Die junge Mutter mit dem Kinde geht weg. Das Kind schläft tief in der reinen Morgenluft.
Die Dirne lässt die Stores herab.
Der Rosen-Wagen fährt weg, die Rosen wiegen sich, verneigen sich, rauschen, schütteln sich, eine stürzt herab auf den Asphalt - - -.
Nachmittags mietet eine Dame und ein junges Mädchen den Wagen.
»Les fleurs sont fausses - - -«, sagt das junge Mädchen.
»So - - -«, sagt die Dame, »merkt man es?!«
Blumenkorso. Zufahrt durch die Praterstraße. Fliegende Blumenbeete. Tausende verdienen indirekt!
Die junge Dirne liegt auf ihrem Bette, schläft. Die Nachmittagssonne wärmt die weißen Stores. Sie träumt: »Rosen-Wagen - - -.«
Das Ladenmädchen sitzt in dem dunklen, dunstigen Blumen-Zimmer auf einem Strohsesselchen, schläft - - -. Sie träumt: »Rosen-Wagen - - -.«
Das junge Weib trägt das Kind durch die Straßen. Das Kind schläft tief in der dunstigen Nachmittagsluft –.
Die Rose, die am Morgen aus dem Wagen gestürzt ist, steht in einem Glase in dem Zimmer eines Gassenkehrers.
Sein Töchterchen sagt: »Pfui, sie stinkt - - -.«
Der Gassenkehrer hätte antworten können: »Das sind die Blumen, die auf dem Asphalt einer Großstadt blühen - - -!«
Aber er sagte das nicht. Dazu war er zu bescheiden - - -.
Er dachte: »Es ist vom Blumenkorso - - -!«

Claude Monet: *Impression: soleil levant*, 1872

- Informieren Sie sich über die Tradition des Blumenkorsos.
- Zeichnen Sie zu den Stationen in P. Altenbergs Kaffeehausgeschichte eine einfache Bildfolge. Welche verbindenden Elemente lassen sich erkennen? Erläutern Sie ihre Wirkung.
- Untersuchen Sie P. Altenbergs Schilderung des Vormittags unter dem Stichwort »Impressionismus« (vgl. dazu auch S. 51). Unter Impressionismus versteht man in der Literatur wie in der Malerei eine Haltung, die den subjektiven Eindruck eines meist nur flüchtigen Augenblicks festhalten will. Stimmung und ästhetische Intensität sind entscheidend. Vergleichen Sie unter diesen Gesichtspunkten die malerischen Mittel, die Monet in seinem Bild »Impression«, das den Sonnenaufgang in Le Havre darstellt und der gesamten Stilrichtung den Namen gab, mit den sprachlichen Mitteln, die P. Altenberg in seiner Kaffeehausgeschichte verwendet.

Alfred Polgar **Theorie des »Café Central« (1926)**

Das Café Central ist nämlich kein Caféhaus wie andere Caféhäuser, sondern eine Weltanschauung, und zwar eine, deren innerster Inhalt es ist, die Welt nicht anzuschauen. [...]

Das Café Central liegt unterm wienerischen Breitengrad am Meridian der Einsamkeit. Seine Bewohner sind größtenteils Leute, deren Menschenfeindschaft so heftig ist wie ihr Verlangen nach Menschen, die allein sein wollen, aber dazu Gesellschaft brauchen. Ihre Innenwelt bedarf einer Schicht Außenwelt als abgrenzenden Materials, ihre schwankenden Einzelstimmchen können der Stütze des Chors nicht entbehren. Es sind unklare Naturen, ziemlich verloren ohne die Sicherheiten, die das Gefühl gibt, Teilchen eines Ganzen (dessen Ton und Farbe sie mitbestimmen) zu sein. Der Centralist ist ein Mensch, dem Familie, Beruf, Partei solches Gefühl nicht geben: Hilfreich springt da das Caféhaus als Ersatztotalität ein, lädt zum Untertauchen und Zerfließen. Verständlich also, dass vor allem Frauen, die ja niemals allein sein können, sondern hierzu mindestens noch einen brauchen, eine Schwäche für das Café Central haben. Es ist ein Ort für Leute, die um ihre Bestimmung, zu verlassen und verlassen zu werden, wissen, aber nicht die Nervenmittel haben, dieser Bestimmung nachzuleben. Es ist ein rechtes Asyl für Menschen, die die Zeit totschlagen müssen, um von ihr nicht totgeschlagen zu werden. Es ist der traute Herd derer, denen der traute Herd ein Gräuel ist, die Zuflucht der Eheleute und Liebespaare vor den Schrecken des ungestörten Beisammenseins, eine Rettungsstation für Zerrissene, die dort, ihr Lebtag auf der Suche nach sich und ihr Lebtag auf der Flucht vor sich, ihr fliehendes Ich-Teil hinter Zeitungspapier, öden Gesprächen und Spielkarten verstecken und das Verfolger-Ich in die Rolle des Kiebitz drängen, der das Maul zu halten hat.

Das Café Central stellt also eine Art Organisation der Desorganisation dar.

In diesem gesegneten Raum wird jedem halbwegs unbestimmten Menschen Persönlichkeit kreditiert – er kann, bleibt er nur im Weichbilde des Caféhauses, mit diesem Kredit seine sämtlichen moralischen Spesen bestreiten – und jedem, der Verachtung bezeugt vor dem Gelde der anderen, wird die Unbürgerkrone aufgesetzt.

Der Centralist lebt parasitär auf der Anekdote, die von ihm umläuft. Sie ist das Hauptstück, das Wesentliche. Alles Übrige, die Tatsachen seiner Existenz, sind Kleingedrucktes, Hinzugefügtes, Hinzuerfundenes, das auch wegbleiben kann.

- Wie charakterisiert A. Polgar den typischen Kaffeehausbesucher? Wählen Sie einige Formulierungen aus und erläutern Sie ihre sprachliche Komposition.

Charlotte von Saurma Nacht der Illusionen (1990)

Als wär's ein Stück von Doderer, Herzmanovsky, Musil. Ein Ball ohne Eigenschaften. Wie die große Literatur des Landes spielt der Opernball in einem Zustand von Zeitlosigkeit, der zu der geschichtlichen Zeit keine rechte Beziehung mehr hat. Spielt in jenem magischen »Vergangenheit-Gegenwart-Zukunft«-Takt, dass man nicht mehr weiß, ob die Zeit vorwärts oder rückwärts fließt. Die Donau so blau, so blau, so blau. [...]

Der Herr Bundespräsident wird den Ehrenschutz übernehmen, die österreichische Bundesregierung das Ehrenpräsidium bilden, die Bundeshymne wird intoniert werden, das Staatsopernballett tanzen und die Hofoper – im wahrsten Sinne des Wortes Staatstheater – Kulisse sein, in der die Österreicher als Österreicher-Darsteller ihren wichtigsten Auftritt haben. Was für ein fantastisches Land, in dem ein Faschingsball dem staatlichen Selbstverständnis dient.

»Eine Märchenprinzessin und 180 Krönchen« *Allgemeine Zeitung*

Der Opernball ist das Glamourereignis des Jahres. Jede Donnerstagnacht vor Aschermittwoch wird die Wiener Staatsoper für siebentausend Gäste in den schönsten Ballsaal der Welt verwandelt. Der Eintritt kostet um die dreihundert Mark, Sitzplätze sind zwei- bis zwanzigtausend Mark teuer. Das ergibt einen Einspielgewinn von ungefähr einer Viertelmillion Mark, das einzige Plus, das die Oper im Jahr macht. Die Eröffnungs-Zeremonie mit den ewig gleich bleibenden Präliminarien ist streng geregelt: Nachdem die 180 Debütantenpaare ihren Linkswalzer abgedreht haben, dürfen alle anderen Ballgäste zur Musik von acht Kapellen, einem eigens gegründeten Opernballorchester, der Ö3-Disko, tanzen. Dürfen sich an Austern- und Kaviarschnittchen, am Opernballwein »Ochs von Lerchenau«, an Champagner (Flasche 643 Mark) laben, über Gänge und Ränge huschen und die Freitreppe in höchster Kultiviertheit zu gesellschaftlichen Höhen auf- oder absteigen. Davon träumen alle Töchter aus gutem Haus: Nur diese eine Nacht sich als Amateurschauspielerin nostalgisch-verspielt in eine Dame zu verwandeln. Sich einmal dem nie aufzulösenden Widerspruch zwischen femininer Kleidung und sachlicher Kompetenz entziehen zu dürfen. Nur diese eine Nacht zwischen den Großen der Welt in dieser österreichischen Minioperette aufzugehen. Darf es denn im Leben keinen Cinderella-Traum geben? [...]

»Eine riesige Obszönität« *die tageszeitung*

Damals, zur Zeit, als unsere Geschichte spielen wird..., sind die Logen von Industriellen besetzt. Bayer, Philips, Daimler, Ruhrgas, Underberg – österreichische Wirtschaftsgrößen laden ihre Geschäftsfreunde gern in die Oper ein zwecks Geschäftsanbandelung, das gibt ihnen die Möglichkeit, stilvoller zu erscheinen. Viel lokale Prominenz paart sich mit Schlagersängern, und alle zusammen erscheinen sie durch die Öffentlichkeit des Fernsehens als herrliche Individuen. »Siebentausend feine Leute, die gibt's auf der ganzen Welt nicht«, entschuldigt die Tobisch. »Die gute alte Zeit des Johann Strauß«, so heißt es bei Anton Kuh, »sie war die vorklassische Periode des Schiebertums, das Biedermeier der Neureichen. Aus nichts wurden Millionenvermögen und aus Millionen nichts. Eine ganz neue Gesellschaft kam ans Licht, besetzte die ersten Theaterplätze, tat es dem Hof gleich.« Österreich ist ein fantastisches Land. Es definiert sich über einen Ball, auf dem scheinbar eine scheinbar auserwählte Gruppe von Menschen in eine scheinbare Gesellschaft eingeführt wird gemäß einer Schein-Tradition, die es nie gegeben hat. Der Wiener Opernball ist ein nicht absetzbarer Theaterhit von höchster Dramaturgie mit höchst glücklichen Laiendarstellern.

Sachtexte verfassen

Informationserschließung

Für das Verfassen eines Sachtextes sind folgende Arbeitsschritte günstig:
1. **Thema / Gegenstand:** Worüber schreibe ich?
   Klare Formulierung, Abgrenzung von Verwandtem
2. **Anlass** und **persönliches Interesse:** Warum schreibe ich?
   Unmittelbare Betroffenheit oder Distanz zum Thema
3. **Absicht:** Was will ich erreichen?
   Information vermitteln, Appell ausrichten, Selbstdarstellung inszenieren
4. **Adressat:** Für wen schreibe ich?
   Interesse und Vorwissen einschätzen
5. **Textsorte:** Welchen Texttypus wähle ich?
   (Leser-)Brief, Glosse, Essay, Rezension, Kommentar, Leitartikel, Bericht, Facharbeit
6. **Struktur:** Welchen Aufbau wähle ich?
   Klare und plausible Vorgabe, induktiv oder deduktiv, linear oder vernetzt
7. **Sprache / Bildmaterial:** Welche Mittel wähle ich?
   Angemessenheit gegenüber Thema / Gegenstand und Adressaten, Fachtermini (wenn unabdingbar), klar strukturierter Satzbau, präzise Wortwahl, anschauliche Beispiele
8. **Medium:** Welche Art der Veröffentlichung wähle ich?
   Tageszeitung, Wochenzeitung, Fachzeitschrift, Homepage, Internet, Flyer. Lay-out festlegen soweit nicht vorgegeben, adressatenbezogen denken.

- Informieren Sie sich über die Institution des Opernballs in Wien. Untersuchen Sie die Technik der Textkomposition mithilfe des Begriffs der »quote story« (eigene Informationen werden durchsetzt mit Zitaten) und erläutern Sie ihre Funktion und Wirkung.

- Verfassen Sie mithilfe der methodischen Anregungen einen Sachtext zu einem gesellschaftlichen Ereignis Ihres Heimatortes.

Wien

Über die Fachgrenzen...

Strömungen in der Kunst um 1900

Oskar Kokoschka: *Die Windsbraut*, 1913

- Wählen Sie arbeitsteilig eine der auf S. 52 genannten Strömungen um 1900 und recherchieren Sie ihre Ausprägungen in der Kunst (Hauptcharakteristika, Hauptwerke, Künstler, Ziele etc.). Stellen Sie Ihre Ergebnisse im Kurs vor.

- Was versteht man unter Jugendstil? Wer waren die Secessionisten und welche Ziele verfolgten sie?

- Zeigen Sie anhand des Bildes »Der Kuss« von G. Klimt typische Merkmale des Jugendstils auf. Welchem Stil würden Sie das Bild »Die Windsbraut« von O. Kokoschka zuordnen?

Gustav Klimt: *Der Kuss*, 1907/08

Epochenbegriffe untersuchen

Wie entstehen Epochenbegriffe?
Sie entspringen wohl einem Bedürfnis des Menschen nach Ordnung. Am intensivsten war die Beschäftigung mit dem Epochenbegriff im letzten Drittel des 19. Jahrhunderts, als sich die heute allgemein anerkannten Bezeichnungen *Renaissance, Barock, Aufklärung, Klassik, Romantik, Realismus* allmählich durchsetzten. Neben diesen größeren Zeiträumen wurden aber auch kürzere Abschnitte benannt, wie z.B. *Sturm und Drang, Biedermeier, Vormärz, Naturalismus, Symbolismus, Expressionismus*. Bei der Wahl der Bezeichnungen griff man auf unterschiedliche Bereiche zurück: z.B. Kunstgeschichte (*Barock*), Wohnkultur (*Biedermeier*), Politik (*Vormärz*), Malerei (*Impressionismus*). Hierbei übernahm man oft die meist abwertenden Urteile von Zeitgenossen. So z.B. Barock: aus dem Französischen *baroque* für übertrieben, verzerrt, abgeleitet aus der portugiesischen Bezeichnung *barocco* für eine unregelmäßige Perle. Oder Impressionismus: aus dem Französischen *impression*, dem Titel eines Bildes von Monet (vgl. S. 47), das der Kritiker Louis Leroy zum Anlass nahm, in dem Gesellschaftsmagazin »Charivari« diese Malweise als provokantes Hinpinseln, eben als bloße Impression zu bezeichnen.

Welche Funktion haben sie?
Sie sind der Versuch, eine sich über längere Zeiträume hin erstreckende Vielfalt kultureller Äußerungen wie auch geschichtlicher Ereignisse zu gliedern, um sich so einen Überblick zu verschaffen und zu einem besseren Verständnis zu gelangen. Sie sind somit Abstraktionen, die nie die Wirklichkeit ganz treffen können, sondern allenfalls Strömungen kennzeichnen. Hinzu kommt, dass die Bezeichnung einer Epoche in anderen europäischen Kulturen zwar sprachlich Entsprechungen haben mag, aber oft etwas anderes bedeutet (z.B. engl. *gothic* oder frz. *classic*). Im Übrigen verliefen literarische Entwicklungen in einzelnen Ländern unterschiedlich, waren zeitlich verschoben oder hielten unterschiedlich lange an.

	1870	1880	1890	1900	1910	1920	
Realismus			Impressionismus		Expressionismus	Kubismus	
			Symbolismus		Surrealismus		
			Fin de Siècle		Dada		
			Jugendstil				
		Naturalismus					
	Historismus				Neue Sachlichkeit		
			Neoromantik				
			Neoklassik				

- Informieren Sie sich anhand von Fachlexika über den Begriff des »Fin-de-siècle«.
- Erstellen Sie eine Text-Bild-Collage oder veranstalten Sie eine Multimediashow zum Thema »Literatur und Kunst / Musik um 1900«.

Traum und Wirklichkeit

Sigmund Freud **Die Traumdeutung (1899)**

Es ist leicht zu zeigen, dass die Träume häufig den Charakter der Wunscherfüllung unverhüllt erkennen lassen, sodass man sich wundern mag, warum die Sprache der Träume nicht schon längst ein Verständnis gefunden hat. Da ist z.B. ein Traum, den ich mir beliebig oft, gleichsam experimentell, erzeugen kann. Wenn ich am Abend Sardellen, Oliven oder sonst stark gesalzene Speisen nehme, bekomme ich in der Nacht Durst, der mich weckt. Dem Erwachen geht aber ein Traum voraus, der jedes Mal den gleichen Inhalt hat, nämlich dass ich trinke. [...]

Wir dürfen [also] als die Urheber der Traumgestaltung zwei psychische Mächte (Strömungen, Systeme) im Einzelmenschen annehmen, von denen die eine durch den Traum zum Ausdruck gebrachten Wunsch bildet, während die andere eine Zensur an diesem Traumwunsch übt und durch diese Zensur eine Entstellung seiner Äußerung erzwingt. Es fragt sich nur, worin die Machtbefugnis dieser zweiten Instanz besteht, kraft derer sie ihre Zensur ausüben darf. Wenn wir uns erinnern, dass die latenten Traumgedanken vor der Analyse nicht bewusst sind, der von ihnen ausgehende manifeste Trauminhalt aber als bewusst erinnert wird, so liegt die Annahme nicht ferne, das Vorrecht der zweiten Instanz sei eben die Zulassung zum Bewusstsein. Aus dem ersten System könne nichts zum Bewusstsein gelangen, was nicht vorher die zweite Instanz passiert habe, und die zweite Instanz lasse nichts passieren, ohne ihre Rechte auszuüben und die ihr genehmen Abänderungen am Bewusstseinswerber durchzusetzen. [...]

Mit Rücksicht auf unsere Annahmen über die zwei psychischen Instanzen können wir auch jetzt sagen; die peinlichen Träume enthalten tatsächlich etwas, was der zweiten Instanz peinlich ist, was aber gleichzeitig einen Wunsch der ersten Instanz erfüllt. Sie sind insofern Wunschträume, als ja der Traum von der ersten Instanz ausgeht, die zweite sich nur abwehrend, nicht schöpferisch gegen den Traum verhält.

Freuds topologischer Aspekt der menschlichen Psyche
Ich: Zentrum der Persönlichkeit, zur Welt in Kontakt
Über-Ich: verinnerlichte Autorität, kritisiert und straft
Es: Triebfunktion der Persönlichkeit, birgt Verdrängtes
Vdtg: Verdrängung der Wünsche des Es durch das Ich
Freuds dynamischer Aspekt der Psyche
Unbewusstes: Nicht mehr verfügbare Gelegenheiten, alles Verdrängte, dem Ich nicht direkt zugänglich
Vorbewusstes: psychische Prozesse, jederzeit aktivierbar
Bewusstes: Wissen von etwas, das man mitteilen kann

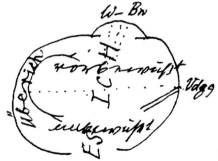

Eine von Freuds Skizzen zum Verhältnis von Es, Ich und Über-Ich

Brief an Arthur Schnitzler

14. Mai 1922 Wien IX, Berggasse 19
Verehrter Herr Doktor,
nun sind Sie auch beim sechzigsten Jahrestag angekommen, während ich, um sechs Jahre älter, der Lebensgrenze nahe gerückt bin und erwarten darf, bald das Ende vom fünften Akt dieser ziemlich unverständlichen und nicht immer amüsanten Komödie zu sehen. [...]

S. Freud

Ich habe immer wieder, wenn ich mich in Ihre schönen Schöpfungen vertiefe, hinter deren poetischem Schein die nämlichen Voraussetzungen, Interessen und Ergebnisse zu finden geglaubt, die mir als die eigenen bekannt waren. Ihr Determinismus wie Ihre Skepsis – was die Leute Pessimismus heißen – Ihr Ergriffensein von den Wahrheiten des Unbewussten, von der Triebnatur des Menschen, Ihre Zersetzung der kulturell-konventionellen Sicherheiten, das Haften Ihrer Gedanken an der Polarität von Lieben und Sterben, das alles berührte mich mit einer unheimlichen Vertrautheit. (In einer kleinen Schrift vom Jahr 1920 »Jenseits des Lustprinzips« habe ich versucht, den Eros und den Todestrieb als die Urkräfte aufzuzeigen, deren Gegenspiel alle Rätsel des Lebens beherrscht.) So habe ich den Eindruck gewonnen, dass Sie durch Intuition – eigentlich aber infolge feiner Selbstwahrnehmung – alles das wissen, was ich in mühseliger Arbeit an anderen Menschen aufgedeckt habe. Ja, ich glaube, im Grunde Ihres Wesens sind Sie ein psychologischer Tiefenforscher, so ehrlich unparteiisch und unerschrocken wie nur je einer war, und wenn Sie das nicht wären, hätten Ihre künstlerischen Fähigkeiten, Ihre Sprachkunst und Gestaltungskraft freies Spiel gehabt und Sie zu einem Dichter weit mehr nach dem Wunsch der Menge gemacht. Mir liegt es nahe, dem Forscher den Vorzug zu geben. Aber verzeihen Sie, dass ich in die Analyse geraten bin, ich kann eben nichts anderes. Nur weiß ich, dass die Analyse kein Mittel ist, sich beliebt zu machen.
In herzlichster Ergebenheit

Ihr Freud

A. Schnitzler

- Erarbeiten Sie die zentralen Aussagen Freuds über den Traum. Laden Sie Experten aus einem entsprechenden Pädagogik- oder Psychologiekurs Ihrer Schule ein, die anhand der Skizze Freuds Sicht des Menschen darstellen. Dabei sollten auch Grenzen und Möglichkeiten von Freuds Sicht angesprochen werden.

- Stellen Sie die Beziehung S. Freuds zu A. Schnitzler anhand des Briefzeugnisses heraus und zeigen Sie die nach Freud wesentlichen gemeinsamen Merkmale. Informieren Sie sich in einem Fachlexikon über die Themen, die Schnitzler in seinen Werken behandelt, und stellen Sie einen Zusammenhang zu Freuds Sicht von Schnitzler her.

Arthur Schnitzler **Traumnovelle (1926)**

Ein gut situiertes Ehepaar im Wien der Jahrhundertwende erlebt eine Ehekrise, die ihn in eine orgiastische Geheimgesellschaft, sie in ein Traumerlebnis führt.

Fridolins Erlebnis

»Sie wollen nicht die Güte haben, uns die Parole des Hauses zu sagen?« Es klang messerscharf.

Fridolin zuckte die Achseln. Der andere trat in die Mitte des Raumes, erhob die Hand, das Klavierspiel verstummte, der Tanz brach ab. Zwei andere Kavaliere, einer in Gelb, der andere in Rot, traten herzu. »Die Parole, mein Herr«, sagten sie beide gleichzeitig.

»Ich habe sie vergessen«, erwiderte Fridolin mit einem leeren Lächeln und fühlte sich ganz ruhig.

»Das ist ein Unglück«, sagte der Herr in Gelb, »denn es gilt hier gleich, ob Sie die Parole vergessen oder ob Sie sie nie gekannt haben.«

Die andern männlichen Masken strömten herein, die Türen nach beiden Seiten schlossen sich. Fridolin stand allein da im Mönchsgewand mitten unter bunten Kavalieren.

»Die Maske herunter!«, riefen einige zugleich. Wie zum Schutz hielt Fridolin die Arme vor sich hingestreckt. Tausendmal schlimmer wäre es ihm erschienen, der Einzige mit unverlarvtem Gesicht unter lauter Masken dazustehen, als plötzlich unter Angekleideten nackt. Und mit fester Stimme sagte er: »Wenn einer von den Herren sich durch mein Erscheinen in seiner Ehre gekränkt fühlen sollte, so erkläre ich mich bereit, ihm in üblicher Weise Genugtuung zu geben. Doch meine Maske werde ich nur in dem Falle ablegen, dass Sie alle das gleiche tun, meine Herrn.«

»Es handelt sich hier nicht um Genugtuung«, sagte der rotgekleidete Kavalier, der bisher noch nicht gesprochen hatte, »sondern um Sühne.«

»Die Maske herunter!«, befahl wieder ein anderer mit einer hellen frechen Stimme, durch die sich Fridolin an den Kommandoton eines Offiziers erinnert fühlte. »Man wird Ihnen ins Gesicht sagen, was Ihrer harrt, und nicht in Ihre Larve.«

»Ich nehme sie nicht ab«, sagte Fridolin in noch schärferem Ton, »und wehe dem, der es wagt, mich zu berühren.«

Irgendein Arm griff plötzlich nach seinem Gesicht, wie um ihm die Maske herunterzureißen, als plötzlich die eine Tür sich auftat und eine der Frauen – Fridolin konnte sich nicht im Zweifel darüber befinden, welche es war – dastand, in Nonnentracht, so wie er sie zuerst erblickt hatte. Hinter ihr aber in dem überhellten Raum waren die andern zu sehen, nackt mit verhüllten Gesichtern, aneinander gedrängt, stumm, eine verschüchterte Schar. Doch die Türe schloss sich sofort wieder.

»Lasst ihn«, sagte die Nonne, »ich bin bereit, ihn auszulösen.«

Ein kurzes tiefes Schweigen, als wenn etwas Ungeheueres sich ereignet hätte, dann wandte sich der schwarze Kavalier, der Fridolin zuerst die Parole abverlangt hatte, an die Nonne mit den Worten: »Du weißt, was du damit auf dich nimmst.«

»Ich weiß es.«

Wie ein tiefes Aufatmen ging es durch den Raum.

»Sie sind frei«, sagte der Kavalier zu Fridolin, »verlassen Sie ungesäumt dieses Haus und hüten Sie sich, weiter nach den Geheimnissen zu forschen, in deren Vorhof Sie sich eingeschlichen haben. Sollten Sie irgendjemanden auf unsere Spur zu leiten versuchen, ob es nun glückte oder nicht – Sie wären verloren.«

Fridolin stand unbeweglich. »Auf welche Weise soll – diese Frau mich auslösen?«, fragte er.

Keine Antwort. Einige Arme wiesen der Türe zu, zum Zeichen, er möge sich unverzüglich entfernen.

Fridolin schüttelte den Kopf. »Verhängen Sie über mich, meine Herren, was Ihnen beliebt, ich werde nicht dulden, dass ein anderes menschliches Wesen für mich bezahlt.« [...]

»Hüte dich!«, rief die Nonne aus, »du würdest dich verderben, ohne mich zu retten! Geh!« Und zu den andern gewendet: »Hier bin ich, ihr habt mich – alle!«

Die dunkle Tracht fiel wie durch einen Zauber von ihr ab, im Glanz ihres weißen Leibes stand sie da, sie griff nach dem Schleier, der ihr um Stirn, Haupt und Nacken gewunden war, und mit einer wundersamen runden Bewegung wand sie ihn los. Er sank zu Boden, dunkle Haare stürzten ihr über Schultern, Brust und Lenden – doch ehe noch Fridolin das Bild ihres Antlitzes zu erhaschen vermochte, war er von unwiderstehlichen Armen erfasst, fortgerissen und zur Türe gedrängt worden; im Augenblick darauf befand er sich im Vorraum, die Türe hinter ihm fiel zu, ein verlarvter Bedienter brachte ihm den Pelz, war ihm beim Anziehen behilflich, und das Haustor öffnete sich.

Albertines Traum

»Es ist nicht so leicht«, begann sie wieder. »In Worten lassen sich diese Dinge eigentlich kaum ausdrücken. Also – mir war, als erlebte ich unzählige Tage und Nächte, es gab weder Zeit noch Raum, es war auch nicht mehr die von Wald und Fels eingefriedete Lichtung, in der ich mich befand, es war eine weit, unendlich weithin gedehnte, blumenbunte Fläche, die sich nach allen Seiten in den Horizont verlor. Ich war auch längst – seltsam: dieses längst! – nicht mehr mit diesem einen Mann allein auf der Wiese. Aber ob außer mir noch drei oder zehn oder noch tausend Paare da waren, ob ich sie sah oder nicht, ob ich nur jenem einen oder auch andern gehörte, ich könnte es nicht sagen. Aber so wie jenes frühere Gefühl von Entsetzen und Scham über alles im Wachen Vorstellbare weit hinausging, so gibt es gewiss nichts in unserer bewussten Existenz, das der Gelöstheit, der Freiheit, dem Glück gleichkommt, das ich nun in diesem Traum empfand. Und dabei hörte ich keinen Augenblick lang auf, von dir zu wissen. Ja, ich sah dich, ich sah, wie du ergriffen wurdest, von Soldaten, glaube ich, auch Geistliche waren darunter; irgendwer, ein riesengroßer Mensch, fesselte deine Hände, und ich wusste, dass du hingerichtet werden solltest. Ich wusste es ohne Mitleid, ohne Schauer, ganz von fern. Man führte dich in einen Hof, in eine Art von Burghof. Da standest du nun mit nach rückwärts gefesselten Händen und nackt. Und so wie ich dich sah, obwohl ich anderswo war, so sahst du auch mich, auch den Mann, der mich in seinen Armen hielt, und alle die anderen Paare, diese unendliche Flut von Nacktheit, die mich umschäumte, und von der ich und der

Mann, der mich umschlungen hielt, gleichsam nur eine Welle bedeuteten. Während du nun im Burghof standest, erschien an einem hohen Bogenfenster zwischen roten Vorhängen eine junge Frau mit einem Diadem auf dem Haupt und im Purpurmantel. Es war die Fürstin des Landes. Sie sah hinab zu dir mit einem streng fragenden Blick. Du standest allein, die andern, so viele es waren, hielten sich abseits, an die Mauern gedrückt, ich hörte ein tückisches, Gefahr drohendes Murmeln und Raunen. Da beugte sich die Fürstin über die Brüstung. Es wurde still, und die Fürstin gab dir ein Zeichen, als gebiete sie dir, zu ihr hinaufzukommen, und ich wusste, dass sie entschlossen war, dich zu begnadigen. Aber du merktest ihren Blick nicht oder wolltest ihn nicht bemerken. Plötzlich aber, immer noch mit gefesselten Händen, doch in einen schwarzen Mantel gehüllt, standest du ihr gegenüber, nicht etwa in einem Gemach, sondern irgendwie in freier Luft, schwebend gleichsam. Sie hielt ein Pergamentblatt in der Hand, dein Todesurteil, in dem auch deine Schuld und die Gründe deiner Verurteilung aufgezeichnet waren. Sie fragte dich – ich hörte die Worte nicht, aber ich wusste es –, ob du bereit seist, ihr Geliebter zu werden, in diesem Fall war dir die Todesstrafe erlassen. Du schütteltest verneinend den Kopf. Ich wunderte mich nicht, denn es war vollkommen in der Ordnung und konnte gar nicht anders sein, als dass du mir auf alle Gefahr hin und in alle Ewigkeit die Treue halten musstest. Da zuckte die Fürstin die Achseln, winkte ins Leere, und da befandest du dich plötzlich in einem unterirdischen Kellerraum, und Peitschen sausten auf dich nieder, ohne dass ich die Leute sah, die die Peitschen schwangen. Das Blut floss wie in Bächen an dir herab, ich sah es fließen, war mir meiner Grausamkeit bewusst, ohne mich über sie zu wundern. Nun trat die Fürstin auf dich zu. Ihre Haare waren aufgelöst, flossen um ihren nackten Leib, das Diadem hielt sie in beiden Händen dir entgegen – und ich wusste, dass sie das Mädchen vom dänischen Strande war, das du einmal des Morgens nackt auf der Terrasse einer Badehütte gesehen hattest. Sie sprach kein Wort, aber der Sinn ihres Hierseins, ja ihres Schweigens war, ob du ihr Gatte und der Fürst des Landes werden wolltest. Und da du wieder ablehntest, war sie plötzlich verschwunden, ich aber sah zugleich, wie man ein Kreuz für dich aufrichtete; – nicht unten im Burghof, nein, auf der blumenübersäten unendlichen Wiese, wo ich in den Armen eines Geliebten ruhte, unter all den andern Liebespaaren. Dich aber sah ich, wie du durch altertümliche Gassen allein dahinschrittest ohne jede Bewachung, doch wusste ich, dass dein Weg dir vorgezeichnet und jede Flucht unmöglich war. Jetzt gingst du den Waldpfad bergan. Ich erwartete dich mit Spannung, aber ohne jedes Mitgefühl. Dein Körper war mit Striemen bedeckt, die aber nicht mehr bluteten. Du stiegst immer höher hinan, der Pfad wurde breiter, der Wald trat zu beiden Seiten zurück, und nun standest du am Wiesenrand in einer ungeheuern, unbegreiflichen Ferne. Doch du grüßtest mich lächelnd mit den Augen, wie zum Zeichen, dass du meinen Wunsch erfüllt hattest und mir alles brachtest, wessen ich bedurfte: – Kleider und Schuhe und Schmuck. Ich aber fand dein Gebaren über alle Maßen töricht und sinnlos, und es lockte mich, dich zu verhöhnen, dir ins Gesicht zu lachen – und gerade darum, weil du aus Treue zu mir die Hand einer Fürstin ausgeschlagen, Foltern erduldet und nun hier heraufgewankt kamst, um einen furchtbaren Tod zu erleiden. Ich lief dir entgegen, auch du schlugst einen immer rascheren Gang ein – ich begann zu schweben, auch du schwebtest in den Lüften; doch plötzlich entschwanden wir einander, und ich wusste: Wir waren aneinander vorbeigeflogen. Da wünschte ich, du solltest doch wenigstens mein Lachen hören, gerade während man dich ans Kreuz schlüge. – Und so lachte ich auf, so schrill, so laut ich konnte. Das war das Lachen, Fridolin – mit dem ich erwacht bin.«

70 Sie schwieg und blieb ohne jede Regung. Auch er rührte sich nicht und sprach kein Wort. Jedes wäre in diesem Augenblick matt, lügnerisch und feig erschienen. Je weiter sie in ihrer Erzählung fortgeschritten war, um so lächerlicher und nichtiger erschienen ihm seine eigenen Erlebnisse, soweit sie bisher gediehen waren, und er schwor sich, sie alle zum Ende zu erleben, sie ihr dann getreulich zu berichten und
75 so Vergeltung zu üben an dieser Frau, die sich in ihrem Traum enthüllt hatte als die, die sie war, treulos, grausam und verräterisch, und die er in diesem Augenblick tiefer zu hassen glaubte, als er sie jemals geliebt hatte.

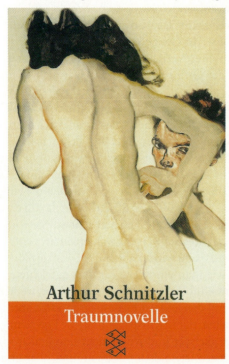

- Stellen Sie Fridolins Abenteuer Albertines Traum gegenüber. Gehen Sie ihrer Bedeutung für die jeweilige Persönlichkeit und die Beziehung der beiden zueinander nach.
- Zeigen Sie die unterschiedliche Einstellung der Geschlechter zur Sexualität in Schnitzlers Traumnovelle.
- Erarbeiten Sie das Traumgeschehen Albertines unter Zuhilfenahme der Ausführungen Freuds (s. S. 53).
- Vergleichen Sie das Buchcover mit dem Filmplakat zu Stanley Kubricks Verfilmung »Eyes wide shut« unter Berücksichtigung der Figuren und der Perspektive.

Leitmotiv in Musik, Literatur und Film

Der Begriff des Leitmotivs kommt ursprünglich aus der **Musik** und bezeichnet einen charakteristischen Melodieteil mit symbolischer Bedeutung, der bei wesensverwandten Stellen (Gedanken, Gefühlen) immer wiederkehrt.

In der **Literaturwissenschaft** ist das Leitmotiv eine Bild- oder Wortfolge, die in gleicher oder ähnlicher Form wiederkehrt. Das Leitmotiv weist auf Zusammenhänge voraus oder zurück, so auf Figuren, Situationen, Gefühle oder Ideen. Leitmotive können z.B. ein Motiv (z.B. Dingsymbol), die Redewendung einer Figur, bestimmte Handlungsteile, sprachliche Bilder oder Farben sein.

Der **Film** greift die Verwendung des Leitmotivs in Musik und Literatur auf. Man kann dabei unterscheiden zwischen
– visuellen Motiven: Gegenstände, Schlüsselfiguren, Perspektive der Kamera, Verwendung des Lichts, Schlüsselbilder;
– musikalischen Motiven: Soundtrack, szenisch abhängige Einzelstücke, Effektgeräusche;
– sprachlichen Motiven: Schlüsselbegriffe, Erzählerstimme;
– Motiven der Handlungsführung: Schlüsselereignis.
Untersuchungskriterien hinsichtlich des Umgangs mit Leitmotiven sind z.B.:
– Kontextuierung;
– Wiederholung;
– Umkehrung;
– Transformation.

- Ein zentrales Motiv in Schnitzlers Traumnovelle ist das der Maske. Clustern Sie zu dem Begriff Maske. Vergleichen Sie die Bedeutung des Motivs in dem Textauszug bei Schnitzler mit Ihren Ergebnissen.

- Wie bei Schnitzler ist auch bei Kubrick die Maske neben dem Traum ein zentrales Motiv. Zeigen Sie im Vergleich des entsprechenden Filmausschnitts mit dem Textauszug, wie Film und Literatur mit der Gestaltung der Motive vorgehen.

Lou Andreas-Salomé **Lebensrückblick (1932)**

Zunächst ereignete sich etwas in Rom, wodurch wir Oberwasser bekamen: Das war die Ankunft Friedrich Nietzsches bei uns, den seine Freunde, Malwida und Paul Rée, brieflich verständigt hatten und der unerwartet aus Messina herbei kam, unser Zusammensein zu teilen. Das noch Unerwartetere geschah, dass Nietzsche, kaum hatte er von Paul Rées und meinem Plan erfahren, sich zum Dritten im Bunde machte. Sogar der Ort unserer künftigen Dreieinigkeit wurde bald bestimmt: Das sollte (ursprünglich für eine Weile Wien) Paris sein, wo Nietzsche gewisse Kollegs hören wollte und wo sowohl Paul Rée von früher her als auch ich durch St. Petersburg Beziehungen zu Iwán Turgéniew besaßen. Malwida beruhigte es sogar ein wenig, dass sie uns dort beschirmt sah durch ihre Pflegetöchter Olga Monod und Natalie Herzen; diese unterhielt noch dazu ein Kränzchen, bei dem junge Mädchen mit ihr schöne Dinge lasen. Aber am liebsten hätte Malwida gesehen, wenn Frau Rée ihren Sohn begleitet hätte und Fräulein Nietzsche den Bruder.

Unser Scherzen war fröhlich und harmlos, denn wir liebten gemeinsam Malwida ja so sehr, und Nietzsche befand sich oft in so angeregter Verfassung, dass sein sonst etwas gemessenes oder richtiger ein wenig feierliches Wesen dagegen zurücktrat. Dieses Feierlichen entsinne ich mich schon von unserer allerersten Begegnung her, die in der Peterskirche stattfand, wo Paul Rée, in einem besonders günstig zum Licht stehenden Beichtstuhl, seinen Arbeitsnotizen mit Feuer und Frömmigkeit oblag und wohin Nietzsche deshalb gewiesen worden war. Seine erste Begrüßung meiner waren die Worte: »Von welchen Sternen sind wir hier einander zugefallen?« Was so gut begann, erfuhr dann aber eine Wendung, die Paul Rée und mich in neue Besorgnis um *unsern* Plan geraten ließ, indem dieser Plan sich durch den Dritten unberechenbar verkompliziert fand. Nietzsche meinte damit freilich eher eine Vereinfachung der Situation: Er machte Rée zum Fürsprecher bei mir für einen Heiratsantrag. Sorgenvoll überlegten wir, wie das am besten beizulegen sei, ohne unsere Dreieinigkeit zu gefährden. Es wurde beschlossen, Nietzsche vor allem meine grundsätzliche Abneigung gegen alle Ehe überhaupt klarzulegen, außerdem aber auch den Umstand, dass ich nur von der Generalspension meiner Mutter lebe und durch eine Verheiratung meiner eigenen kleinen Pension verlustig gehen würde, die einzigen Töchtern des russischen Adels bewilligt war.

Irvin D. Yalom **Und Nietzsche weinte (1992)**

Yalom erfindet eine Begegnung zwischen Lou Andreas-Salomé und dem Wiener Arzt und Psychoanalysten Josef Breuer, in der es um die Heilung des Philosophen Friedrich Nietzsche geht.

»Paul war der festen Überzeugung, dass Nietzsche und ich die innigsten Freunde werden müssten«, setzte Lou Salomé ihren Bericht fort, »dass wir wie geschaffen seien füreinander. Er sah mich schon als Schülerin, Schützling und Alter ego Nietzsches. Er sah Nietzsche als meinen Lehrer und weltlichen Propheten.«

Ein zaghaftes Klopfen an der Tür unterbrach sie. Breuer durchquerte den Raum, um zu öffnen, und wurde von Frau Becker in betont lautem Flüsterton vom Eintreffen eines Patienten unterrichtet. Breuer kehrte auf seinen Platz zurück, versicherte Lou Salomé, es bestünde kein Grund zur Eile, da unangemeldete Patienten sich auf längere Wartezeiten einrichten müssten, und bat sie fortzufahren.

»Paul arrangierte also ein Treffen im Petersdom, dem wohl unpassendsten Orte für ein Rendezvous unserer unheiligen ›Dreieinigkeit‹ – wie wir unsere Verbindung später nannten, wenngleich Nietzsche unseren Bund gern auch als ›pythagoräische Freundschaft‹ titulierte.«

Breuer ertappte sich dabei, dass er seiner Besucherin auf den Busen schaute statt ins Gesicht. ›Wie lange schon?‹, fragte er sich entsetzt. ›Hat sie es bemerkt? Hat es andere Frauen gegeben, die solches von mir bemerkt haben?‹ Im Geiste sah er sich einen Besen packen und sämtliche erotischen Hintergedanken auskehren. Er konzentrierte sich ausschließlich auf ihre Augen und ihre Worte.

»Ich fühlte mich sogleich zu Nietzsche hingezogen. Äußerlich ist er wenig einnehmend – er ist durchschnittlich groß, hat eine sanfte Stimme und einen durchdringenden Blick, welcher eher nach innen als außen gerichtet scheint, als gälte es, eigene, innere Schätze zu hüten und zu bewahren. Ich wusste zunächst nicht, dass er dreiviertelblind ist. Und doch ging eine unsagbare Anziehungskraft von ihm aus. Die allerersten Worte, die er an mich richtete, lauteten: ›Von welchen Sternen sind wir hier einander zugefallen?‹

Wir drei unterhielten uns. Und was war das für eine Unterhaltung! Eine Zeit lang wollte es scheinen, als könnten sich Pauls Hoffnungen auf eine Freundschaft zwischen Nietzsche und mir, gleichsam ein Verhältnis zwischen Lehrer und Schüler, erfüllen. Geistig waren wir verwandt. Unsere Gedanken fügten sich ineinander wie der Schlüssel ins Schloss; Nietzsche sprach von ›Geschwisterhirnen‹. Ach, er las mir die trefflichsten Stellen seines neuesten Werkes vor, er setzte Gedichte von mir in Musik, er verriet mir, was er der Welt in den kommenden zehn Jahren zu vermachen gedächte – denn auch damals glaubte er nicht, dass ihm noch mehr als ein Jahrzehnt vergönnt wäre.

Bald schon hatten Paul, Nietzsche und ich beschlossen, zusammenzuleben, gewissermaßen eine *ménage à trois* zu führen. In unseren Köpfen reifte der Plan, gemeinsam in Wien oder vielleicht Paris zu überwintern.«

- Vergleichen Sie Yaloms Darstellung der Lou Andreas-Salomé und ihrer Beziehung zu Nietzsche mit der Darstellung in ihrer Autobiografie. Charakterisieren Sie den Frauentyp, den Yalom hier zeichnet.

- Setzen Sie Lou Andreas-Salomé zu anderen Frauen der Jahrhundertwende in Beziehung (z.B. Alma Mahler-Werfel, Rosa Mayreder, Pauline Metternich, Adele Sandrock, Jetty Strauß, Bertha Pappenheim, Adelheid Popp, Berta Zuckerkandl). Erörtern Sie die Rolle der Frauen in Kultur und Politik zu dieser Zeit.

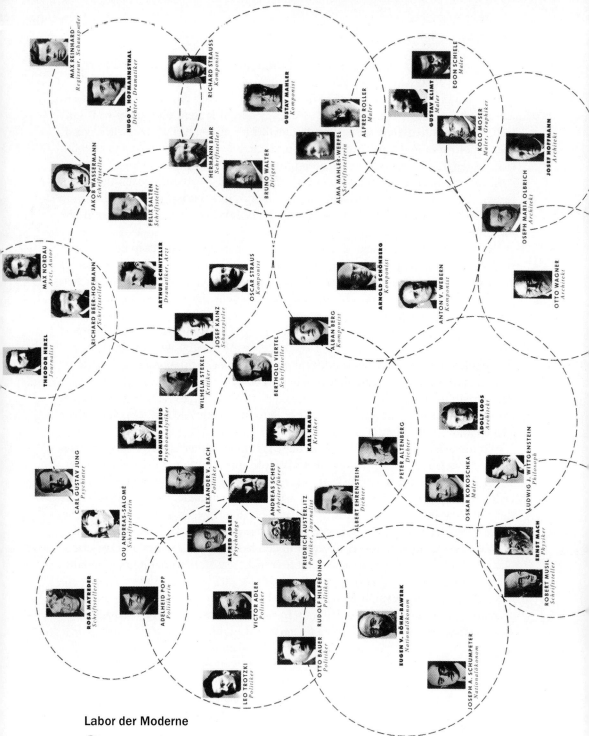

Labor der Moderne

- Erarbeiten Sie die gesellschaftlichen Beziehungen in Wien um die Jahrhundertwende. Bilden Sie Kleingruppen und wählen Sie einen Personenkreis aus. Recherchieren Sie die jeweiligen Beziehungen.

- Erläutern Sie die Grafik als Spiegel des kulturellen Lebens der Jahrhundertwende in Wien.

Hugo von Hofmannsthal Der Ersatz für die Träume (1921)

Was die Leute im Kino suchen, sagte mein Freund, mit dem ich auf dieses Thema kam, was alle die arbeitenden Leute im Kino suchen, ist der Ersatz für die Träume. Sie wollen ihre Fantasie mit Bildern füllen, starken Bildern, in denen sich Lebensessenz zusammenfasst, die gleichsam aus dem Innern des Schauenden gebildet sind und ihm an die Nieren gehen. Denn solche Bilder bleibt ihnen das Leben schuldig. ... Ihre Köpfe sind leer, nicht von Natur aus, eher durch das Leben, das die Gesellschaft sie zu führen zwingt. Da sind diese Anhäufungen von kohlengeschwärzten Industrieorten mit nichts als einem Streifchen von verdorrtem Wiesengras zwischen ihnen und den Kindern, die da aufwachsen, von denen unter sechstausend nicht eines im Leben eine Eule gesehen hatte oder ein Eichhörnchen oder eine Quelle, da sind unsere Städte, diese endlosen einander durchkreuzenden Häuserzeilen; die Häuser sehen einander ähnlich, sie haben eine kleine Tür und Streifen von gleichförmigen Fenstern, unten sind die Läden; nichts redet zu dem, der vorüberkommt, oder der ein Haus sucht: das Einzige, was spricht, ist die Nummer. So ist die Fabrik, der Arbeitssaal, die Maschine, das Amt, wo man Steuern zahlen oder sich melden muss; nichts davon bleibt haften als die Nummer. Da ist der Werktag: die Routine des Fabriklebens oder des Handwerks; die paar Handgriffe, immer die gleichen; das gleiche Hämmern oder Schwingen oder Feilen oder Drehen; und zu Hause wieder: der Gaskocher, der eiserne Ofen, die paar Geräte und kleinen Maschinen, von denen man abhängt, auch das durch Übung so zu bewältigen, dass schließlich der, der sie immer wieder bewältigt, selber zur Maschine wird, ein Werkzeug unter Werkzeugen. Davor flüchten sie zu unzähligen Hunderttausenden in den finstern Saal mit den beweglichen Bildern. [...] Da liegt alles offen dar, was sich sonst hinter der undurchsichtigen Fassade der endlosen Häuser verbirgt, da gehen alle Türen auf, in die Stuben der Reichen, in das Zimmer des jungen Mädchens, in die Halls der Hotels; in den Schlupfwinkel des Diebes, in die Werkstatt des Alchemisten. Es ist die Fahrt durch die Luft mit dem Teufel Asmodi, der alle Dächer abdeckt, alle Geheimnisse freilegt; aber es ist nicht bloß die Beschwichtigung der quälenden, so oft enttäuschten Neugier; wie bei Träumenden ist hier einem geheimeren Trieb seine Stillung bereitet, Träume sind Taten, unwillkürlich mischt sich in dies schrankenlose Schauen ein süßer Selbstbetrug, wie ein Schalten und Walten mit diesen stummen, dienstbar vorüberhuschenden Bildern, ein Schalten und Walten mit ganzen Existenzen. ... Es ist der ganze Mensch, der sich diesem Schauspiel hingibt, nicht ein einziger Traum aus der zartesten Kindheit, der nicht in Schwingungen geriete. Denn wir haben unsere Träume nur zum Schein vergessen. [...] Ja, dieser dunkle Wurzelgrund des Lebens, er, die Region, wo das Individuum aufhört Individuum zu sein, er, den so selten ein Wort erreicht, kaum das Wort des Gebetes oder das Gestammel der Liebe, er betet mit. Von ihm aber geht das geheimste und tiefste aller Lebensgefühle aus: die Ahnung der Unzerstörbarkeit, der Glaube der Notwendigkeit und der Verachtung des bloß Wirklichen, das nur zufällig da ist.

● Analysieren Sie den Aufsatz von Hugo von Hofmannsthal unter besonderer Berücksichtigung der Begriffe *Realität, Fiktionalität* und *Traum*.

Arthur Schnitzler Episode (1893)

Anatol diskutiert mit seinem Freund Max seine wechselnden Beziehungen zu Frauen, die vom Typ des süßen Mädels bis hin zur Mondänen reichen.

ANATOL: Also da sitze ich vor meinem Klavier... In dem kleinen Zimmer war es, das ich damals bewohnte... Abend... Ich kenne sie seit zwei Stunden... Meine grün-rote Ampel brennt – ich erwähne die grün-rote Ampel; sie gehört auch dazu.

MAX: Nun?

ANATOL: Nun! Also ich am Klavier. Sie – zu meinen Füßen, sodass ich das Pedal nicht greifen konnte. Ihr Kopf liegt in meinem Schoß, und ihre verwirrten Haare funkeln grün und rot von der Ampel. Ich fantasiere auf dem Flügel, aber nur mit der linken Hand; meine rechte hat sie an ihre Lippen gedrückt

MAX: Nun?

ANATOL: Immer mit deinem erwartungsvollen »Nun«... Es ist eigentlich nichts weiter... Ich kenne sie also seit zwei Stunden, ich weiß auch, dass ich sie nach dem heutigen Abend wahrscheinlich niemals wiedersehen werde – das hat sie mir gesagt – und dabei fühle ich, dass ich in diesem Augenblick wahnsinnig geliebt werde. Das hüllt mich so ganz ein – die ganze Luft war trunken und duftete von dieser Liebe... Verstehst du mich? *(Max nickt.)* – Und ich hatte wieder diesen törichten göttlichen Gedanken: Du armes – armes Kind! Das Episodenhafte der Geschichte kam mir so deutlich zum Bewusstsein. Während ich den warmen Hauch ihres Mundes auf meiner Hand fühlte, erlebte ich das Ganze schon in der Erinnerung. Es war eigentlich schon vorüber. Sie war wieder eine von denen gewesen, über die ich hinweg musste. Das Wort selbst fiel mir ein, das dürre Wort: Episode. Und dabei war ich selber irgendetwas Ewiges... Ich wusste auch, dass das »arme Kind« nimmer diese Stunde aus ihrem Sinn schaffen könnte – gerade bei der wusst' ich's. Oft fühlt man es ja: Morgen früh bin ich vergessen. Aber da war es etwas anderes. Für diese, die da zu meinen Füßen lag, bedeutete ich eine Welt; ich fühlte es, mit welch einer heiligen unvergänglichen Liebe sie mich in diesem Momente umgab. Das empfindet man nämlich; ich lasse es mir nicht nehmen. Gewiss konnte sie in diesem Augenblick nichts anderes denken als mich – nur mich. Sie aber war für mich jetzt schon das Gewesene, Flüchtige, die Episode. [...]

MAX: Und worin löst sich für dich das Rätsel der Frau?

ANATOL: In der Stimmung.

MAX: Ah – du brauchst das Halbdunkel, deine grün-rote Ampel... dein Klavierspiel.

ANATOL: Ja, das ist's. Und das macht mir das Leben so vielfältig und wandlungsreich, dass mir eine Farbe die ganze Welt verändert. Was wäre für dich, für tausend andere dieses Mädchen gewesen mit den funkelnden Haaren; was für euch diese Ampel, über die du spottest! Eine Zirkusreiterin und ein rot-grünes Glas mit einem Licht dahinter! Dann ist freilich der Zauber weg; dann kann man wohl leben, aber man wird nimmer was erleben. Ihr tappt hinein in irgendein Abenteuer, brutal, mit offenen Augen, aber mit verschlossenem Sinn, und es bleibt farblos für euch! Aus meiner Seele aber, ja, aus mir heraus blitzen tausend Lichter und Farben drüber hin, und ich kann empfinden, wo ihr nur – genießt!

MAX: Ein wahrer Zauberborn, deine »Stimmung«. Alle, die du liebst, tauchen darin unter und bringen dir nun einen sonderbaren Duft von Abenteuern und Seltsamkeit mit, an dem du dich berauschest.

Ernst Mach Antimetaphysische Vorbemerkungen (1885)

Als *relativ* beständig zeigt sich ferner der an einen besonderen Körper (den Leib) gebundene Komplex von Erinnerungen, Stimmungen, Gefühlen, welcher als *Ich* bezeichnet wird. Ich kann mit diesem oder jenem Ding beschäftigt, ruhig und heiter oder aufgebracht und verstimmt sein. Doch bleibt (pathologische Fälle abgerechnet)
5 genug Beständiges übrig, um das Ich als dasselbe anzuerkennen. Allerdings ist auch das Ich nur von *relativer* Beständigkeit. Die scheinbare Beständigkeit des Ich besteht vorzüglich nur in der *Kontinuität,* in der langsamen Änderung. Die vielen Gedanken und Pläne von gestern, welche heute fortgesetzt werden, an welche die Umgebung im Wachen fortwährend erinnert (daher das Ich im Traume sehr verschwommen,
10 verdoppelt sein, oder ganz fehlen kann), die kleinen Gewohnheiten, die sich unbewusst und unwillkürlich längere Zeit erhalten, machen den Grundstock des Ich aus. Größere Verschiedenheiten im Ich verschiedener Menschen, als im Laufe der Jahre in *einem* Menschen eintreten, kann es kaum geben. Wenn ich mich heute meiner frühen Jugend erinnere, so müsste ich den Knaben (einzelne wenige Punkte abge-
15 rechnet) für einen andern halten, wenn nicht die Kette der Erinnerungen vorläge. […] Das Ich ist so wenig absolut beständig als die Körper. Was wir am Tode so sehr fürchten, die Vernichtung der Beständigkeit, das tritt im Leben schon in reichlichem Maße ein. […]
   Nicht das Ich ist das Primäre, sondern die Elemente (Empfindungen). Die Ele-
20 mente *bilden* das Ich. *Ich* empfinde Grün, will sagen, dass das Element *Grün* in einem gewissen Komplex von anderen Elementen (Empfindungen, Erinnerungen) vorkommt. Wenn *ich* aufhöre Grün zu empfinden, wenn *ich* sterbe, so kommen die Elemente nicht mehr in der gewohnten geläufigen Gesellschaft vor. Damit ist alles gesagt. Nur eine ideelle denkökonomische, keine reelle Einheit hat aufgehört zu
25 bestehen. Das Ich ist keine unveränderliche, bestimmte, scharf begrenzte Einheit. Nicht auf die *Unveränderlichkeit,* nicht auf die bestimmte *Unterscheidbarkeit* von andern und nicht auf die scharfe *Begrenzung* kommt es an, denn alle diese Momente variieren schon im individuellen Leben von selbst, und deren Veränderung wird vom Individuum sogar *angestrebt.* Wichtig ist nur die *Kontinuität.* […] Die *Konti-*
30 *nuität* ist aber nur ein *Mittel,* den *Inhalt* des Ich vorzubereiten und zu sichern. Dieser *Inhalt* und nicht das *Ich* ist die Hauptsache. […] Das Ich ist unrettbar.

- Erarbeiten Sie, worin für Anatol das Besondere der Begegnung mit »dem Mädchen« besteht. Erläutern Sie die Bedeutung des Titels »Episode«.

- Informieren Sie sich über die dramatische Form des Einakters. Stellen Sie einen Zusammenhang zwischen Inhalt und Form her.

- Analysieren Sie den Text im Hinblick auf die Wahrnehmungsmöglichkeit des Menschen. Zitieren Sie dazu aus den Texten Schnitzlers einzelne Aussagen.

Wien

Arthur Schnitzler **Leutnant Gustl (1900)**

Während eines Konzerts wird Leutnant Gustl in seiner Ehre als Offizier beleidigt. Der folgende Textauszug setzt vor der eigentlichen Handlung ein.

Wie lange wird denn das noch dauern? Ich muss auf die Uhr schauen... schickt sich wahrscheinlich nicht in einem so ernsten Konzert. Aber wer sieht's denn? Wenn's einer sieht, so passt er gerade so wenig auf, wie ich, und vor dem brauch' ich mich nicht zu genieren... Erst viertel auf zehn?... Mir kommt vor, ich sitz' schon drei Stunden in dem Konzert. Ich bin's halt nicht gewohnt... Was ist es denn eigentlich? Ich muss das Programm anschauen... Ja, richtig: Oratorium? Ich hab' gemeint: Messe. Solche Sachen gehören doch nur in die Kirche. Die Kirche hat auch das Gute, dass man jeden Augenblick fortgehen kann. – Wenn ich wenigstens einen Ecksitz hätt'! – Also Geduld, Geduld! Auch Oratorien nehmen ein End'! Vielleicht ist es sehr schön, und ich bin nur nicht in der Laune. Woher sollt' mir auch die Laune kommen? Wenn ich denke, dass ich hergekommen bin, um mich zu zerstreuen... Hätt' ich die Karte lieber dem Benedek geschenkt, dem machen solche Sachen Spaß; er spielt ja selber Violine. Aber da wär' der Kopetzky beleidigt gewesen. Es war ja sehr lieb von ihm, wenigstens gut gemeint. Ein braver Kerl, der Kopetzky! Der Einzige, auf den man sich verlassen kann... Seine Schwester singt ja mit unter denen da oben. Mindestens hundert Jungfrauen, alle schwarz gekleidet; wie soll ich sie da herausfinden? Weil sie mitsingt, hat er auch das Billett gehabt, der Kopetzky... Warum ist er denn nicht selber gegangen? – Sie singen übrigens sehr schön. Es ist sehr erhebend – sicher! Bravo! bravo!... Ja, applaudieren wir mit. Der neben mir klatscht wie verrückt. Ob's ihm wirklich so gut gefällt? – Das Mädel drüben in der Loge ist sehr hübsch. Sieht sie mich an oder den Herrn dort mit dem blonden Vollbart?... Ah, ein Solo! Wer ist das? Alt: Fräulein Walker, Sopran: Fräulein Michalek... das ist wahrscheinlich Sopran... Lang' war ich schon nicht in der Oper. In der Oper unterhalt' ich mich immer, auch wenn's langweilig ist. Übermorgen könnt' ich eigentlich wieder hingehen, zur »Traviata«. Ja, übermorgen bin ich vielleicht schon eine tote Leiche! Ah. Unsinn, das glaub' ich selber nicht! Warten S' nur, Herr Doktor, Ihnen wird's vergeh'n, solche Bemerkungen zu machen! Das Nasenspitzel hau' ich Ihnen herunter...

Wenn ich die in der Loge nur genau sehen könnt'! Ich möcht' mir den Operngucker von dem Herrn neben mir ausleih'n, aber der frisst mich ja auf, wenn ich ihn in seiner Andacht stör'... In welcher Gegend die Schwester vom Kopetzky steht? Ob ich sie erkennen möcht'? Ich hab' sie ja nur zwei- oder dreimal gesehen, das letzte Mal im Offizierskasino... Ob das lauter anständige Mädeln sind, alle hundert? O jeh!... »Unter Mitwirkung des Singvereins!« – Singverein... komisch! Ich hab' mir darunter eigentlich immer so was Ähnliches vorgestellt wie die Wiener Tanzsängerinnen, das heißt, ich hab' schon gewusst, dass es was anderes ist!... Schöne Erinnerungen! Damals beim »Grünen Tor«... Wie hat sie nur geheißen? Und dann hat sie mir einmal eine Ansichtskarte aus Belgrad geschickt... auch eine schöne Gegend! – Der Kopetzky hat's gut, der sitzt jetzt längst im Wirtshaus und raucht seine Virginia!...

Analyse innerer Vorgänge in epischen Texten

Nach Franz K. Stanzel unterscheidet man drei unterschiedliche Erzählsituationen:

Der Ich-Erzähler
gehört zur Welt der Romanfiguren und hat als solche alles selbst erlebt oder aus Berichten anderer erfahren. Er kann das Geschehen aus unmittelbarem Erleben erzählen oder distanziert aus der eigenen Erinnerung.

Der Er- bzw. Sie-Erzähler
steht außerhalb des Geschehens, das er überblickt, durch Rückblicke und Vorausdeutungen arrangiert und mit Kommentaren begleitet.

Der personale Erzähler
hat sich erst seit der zweiten Hälfte des 19. Jahrhunderts entwickelt, gelangte dann aber neben dem Ich-Erzähler zu großer Bedeutung. Er kann sich in die verschiedenen Figuren eines Romans hineinversetzen, um dann das Geschehen aus deren Perspektive (point of view) unmittelbar zu erzählen. Scheint er ganz zu verschwinden und wird das Geschehen in Form eines szenischen Erzählens dem Leser unmittelbar dargestellt, spricht man auch von einem neutralen Erzähler. Die Entwicklung dieses personalen Erzählers wurde begünstigt durch die Forderung nach
– Objektivität,
– Einhaltung einer bestimmten Perspektive,
– Entdeckung des Unbewussten.
Der Autor hat damit vielfältige Möglichkeiten, innere Vorgänge zu gestalten, z.B. durch:
– direkte Rede als gerichtete Ansprache,
– Monolog als fiktiv gerichtete Ansprache,
– indirekte Rede als vermittelte Ansprache,
– erlebte Rede als Wiedergabe von Gedanken in der dritten Person,
– inneren Monolog als Wiedergabe von Gedanken in der ersten Person.
In den letzten beiden Formen finden sich sehr oft die Technik des Bewusstseinsstroms (stream of consciousness), um innere Vorgänge in einem assoziativen Sprechen deutlich zu machen.

- Beschreiben Sie die Gemütslage Leutnant Gustls in Form eines Flussdiagramms.
- Erarbeiten Sie die Technik des Bewusstseinsstroms am Beispiel des Anfangs von A. Schnitzlers Erzählung.
- Formulieren Sie den inneren Monolog einer weiteren Figur, die diesem Leutnant ablehnend gegenübersteht und ihn während des Konzertbesuchs beobachtet.

Kulturkritik und Sprachbewusstsein

Hugo Ball **Karawane (1917)**

Jolifanto bambla ô falli bambɸla
grossiga m'pfa habla horem
égiga goramen
higo bloiko russula huju
5 hollaka hollala
anlogo bung
blago bung
blago bung
bosso fataka
10 ü üü ü
schampa wulla wussa ólobo
hej tatta gôrem
eschige zunbada
wulubu ssubudu uluw ssubudu
15 tumba ba- umf
kusagauma
ba- umf

Christian Morgenstern
Das große Lalula (1905)

Kroklokwafzi? Sememēmī!
Seiokrontro – prafriplo:
Bifzi, bafzi; hulalēmī:
quasti basti bo...
5 Lalu lalu lalu lalu la!

Hontraruru miromente
zasku zes rü rü?
Entepente, leiolente
klekwapufzi lü?
10 Lalu lalu lalu lalu la!

Simarar kos malzipempu
silzuzankunkrei(;)!
Marjomar dos: Quempu Lempu
Siri Suri Sei []!
15 Lalu lalu lalu lalu la!

ernst jandl **wien: heldenplatz (1962)**

der glanze heldenplatz zirka
versaggerte in maschenhaftem männchenmeere
drunter auch frauen die ans maskelknie
zu heften heftig sich versuchten, hoffensdick
5 und brüllzten wesentlich.

verwogener stirnscheitelunterschwang
nach nöten nördlich, kechelte
mit zu-nummernder aufs bluten feilzer stimme
hinsensend sämmertliche eigenwäscher.

10 pirsch!
döppelte der gottelbock von Sa-Atz zu Sa-Atz
mit hünig sprenkem stimmstummel.
balzerig würmelte es im männechensee
und den weibern ward so pfingstig ums heil
15 zumahn: wenn ein knie-ender sie hirschelte.

Raoul Hausmann: *Heimatklänge!*, 1920

Der Klangcharakter der Sprache

Umgang mit Sprache ist immer auch Spiel mit ihr, und dies vor allem dann, wenn die Regeln der etablierten Sprache besonders rigide sind. Hier setzt der Sprachwitz ein und entlarvt den falschen Anspruch auf Allgemeingültigkeit. So war die Bewegung des Dada auch eine Kritik an der hohlen Phrase der politischen Propaganda im Ersten Weltkrieg. Bereits bekannte Formen der Sprache wurden gegen alle Regeln der herkömmlichen Wortbedeutung und Satzstruktur so eingesetzt, dass völlig neue Möglichkeiten des Ausdrucks entstanden, die beim Leser bzw. noch besser beim Hörer durch Assoziation und Imagination ein unmittelbares Erleben hervorrufen sollten. Der Klang, also die phonetisch-akustischen Elemente der Dichtung, erreicht neben der Verbindung mit der Wortbedeutung einen gesteigerten Ausdrucksgehalt. Auch scheinbar freie Lautverbindungen knüpfen dabei häufig an bestimmte Vorstellungs- und Bedeutungsgehalte an. Möglichkeiten des Umgangs mit dem Klang eines Gedichts:

– **Klangmalerei**, **Lautmalerei**: Wiedergabe von nichtsprachlichen Gehörs- und Gesichtseindrücken durch sprachliche Bildungen (Wort und Satz) zur Erweckung gleicher Sinnesvorstellungen; Nachahmung der Natur bzw. Bildung von Kunstlauten (Wortschöpfung = Onomatopöie);
– **Klangsymbolik**: symbolische Verkörperung der Bedeutung eines Wortes durch Laut und Artikulationsart; besonders bei Lauthäufungen (z.B. ach, oh, Mischmasch, Wirrwarr, Zickzack);
– **Klangmusikalität**: nicht die gedankliche, sondern die melodische Wirkung der Laute eines Gedichts erzeugt eine Gesamtstimmung; besonders durch Vokale oder durch Häufung von stimmhaften Konsonanten, aber auch stimmlosen (v. a. p, t, st).

Entscheidend sind also hierbei die Laute und dabei neben bestimmten Konsonanten v. a. die Vokale. Arthur Rimbaud hat ihnen 1872 ein eigenes Gedicht gewidmet, indem er den Vokalen Farben zuordnete: A schwarz, E weiß, I rot, U grün und O blau.

- Erkunden Sie die Gedichte von H. Ball, C. Morgenstern und E. Jandl über den Klangcharakter. Lesen Sie die Texte mehrfach laut. Welche Assoziationen stellen sich bei Ihnen ein, wodurch werden diese ausgelöst?

- Was spricht dafür, dass es sich bei »Karawane« um ein dadaistisches Gedicht handelt? Inwieweit finden sich bei C. Morgenstern diese Stilmittel, inwiefern entwickelt E. Jandl sie weiter?

- Tragen Sie in Partnerarbeit eines der Gedichte in Form einer Rezitation (s. S. 121) vor.

- Schreiben Sie unter Verwendung der Anregungen von A. Rimbaud eine Prosaskizze »Novembernacht«.

Hugo von Hofmannsthal **Der Brief des Lord Chandos (1902)**

Dies ist der Brief, den Philipp Lord Chandos, jüngerer Sohn des Earl of Bath, an Francis Bacon, später Lord Verulam und Viscount St. Albans, schrieb, um sich bei diesem Freunde wegen des gänzlichen Verzichts auf literarische Betätigung zu entschuldigen.

Mein Fall ist, in Kürze, dieser: Es ist mir völlig die Fähigkeit abhanden gekommen, über irgendetwas zusammenhängend zu denken oder zu sprechen.

Zuerst wurde es mir allmählich unmöglich, ein höheres oder allgemeineres Thema zu besprechen und dabei jene Worte in den Mund zu nehmen, deren sich doch alle Menschen ohne Bedenken geläufig zu bedienen pflegen. Ich empfand ein unerklärliches Unbehagen, die Worte »Geist«, »Seele« oder »Körper« nur auszusprechen. Ich fand es innerlich unmöglich, über die Angelegenheiten des Hofes, die Vorkommnisse im Parlament, oder was Sie sonst wollen, ein Urteil herauszubringen. Und dies nicht etwa aus Rücksichten irgendwelcher Art, denn Sie kennen meinen bis zur Leichtfertigkeit gehenden Freimut: sondern die abstrakten Worte, deren sich doch die Zunge naturgemäß bedienen muss, um irgendwelches Urteil an den Tag zu geben, zerfielen mir im Munde wie modrige Pilze. Es begegnete mir, dass ich meiner vierjährigen Tochter Katharina Pompilia eine kindische Lüge, deren sie sich schuldig gemacht hatte, verweisen und sie auf die Notwendigkeit, immer wahr zu sein, hinführen wollte und dabei die mir im Munde zuströmenden Begriffe plötzlich eine solche schillernde Färbung annahmen und so ineinander überflossen, dass ich, den Satz, so gut es ging, zu Ende haspelnd, so wie wenn mir unwohl geworden wäre und auch tatsächlich bleich im Gesicht und mit einem heftigen Druck auf der Stirn, das Kind allein ließ, die Tür hinter mir zuschlug und mich erst zu Pferde, auf der einsamen Hutweide einen guten Galopp nehmend wieder einigermaßen herstellte.

Allmählich aber breitete sich diese Anfechtung aus wie ein um sich fressender Rost. Es wurden mir auch im familiären und hausbackenen Gespräch alle die Urteile, die leichthin und mit schlafwandelnder Sicherheit abgegeben zu werden pflegen, so bedenklich, dass ich aufhören musste, an solchen Gesprächen irgend teilzunehmen. [...] So wie ich einmal in einem Vergrößerungsglas ein Stück von der Haut meines kleinen Fingers gesehen hatte, das einem Blachfeld mit Furchen und Höhlen glich, so ging es mir nun mit den Menschen und ihren Handlungen. Es gelang mir nicht mehr, sie mit dem vereinfachten Blick der Gewohnheit zu erfassen. Es zerfiel mir alles in Teile, die Teile wieder in Teile, und nichts mehr ließ sich mit einem Begriff umspannen. Die einzelnen Worte schwammen um mich; sie gerannen zu Augen, die mich anstarrten und in die ich wieder hineinstarren muss: Wirbel sind sie, in die hinabzusehen mich schwindelt, die sich unaufhaltsam drehen und durch die hindurch man ins Leere kommt. [...]

Vergeben Sie mir diese Schilderung, denken Sie aber nicht, dass es Mitleid war, was mich erfüllte. Das dürfen Sie ja nicht denken, sonst hätte ich mein Beispiel sehr ungeschickt gewählt. Es war viel mehr und viel weniger als Mitleid: ein ungeheures Anteilnehmen, ein Hinüberfließen in jene Geschöpfe oder ein Fühlen, dass ein Fluidum des Lebens und Todes, des Traumes und Wachens für einen Augenblick in sie hinübergeflossen ist – von woher? Denn was hätte es mit Mitleid zu tun, was mit begreiflicher menschlicher Gedankenverknüpfung, wenn ich an einem anderen Abend unter einem Nussbaum eine halbvolle Gießkanne finde, die ein Gärtnerbursche dort vergessen hat, und wenn mich diese Gießkanne und das Wasser in ihr, das vom Schatten des Baumes finster ist, und ein Schwimmkäfer, der auf dem Spiegel dieses Wassers von einem dunklen Ufer zum andern rudert, wenn diese Zusammensetzung von Nichtigkeiten mich mit einer solchen Gegenwart des Unendlichen durchschauert, von den Wurzeln der Haare bis ins Mark der Fersen mich durchschauert, dass ich in Worte ausbrechen möchte, von denen ich weiß, fände ich sie, so würden sie jene Cherubim, an die ich nicht glaube, niederzwingen, und dass ich dann von jener Stelle schweigend mich wegkehre und nach Wochen, wenn ich dieses Nussbaumes ansichtig werde, mit scheuem seitlichen Blick daran vorübergehe, weil ich das Nachgefühl des Wundervollen, das dort um den Stamm weht, nicht verscheuchen will, nicht vertreiben die mehr als irdischen Schauer, die um das Buschwerk in jener Nähe immer noch nachwogen. In diesen Augenblicken wird eine nichtige Kreatur, ein Hund, eine Ratte, ein Käfer, ein verkümmerter Apfelbaum, ein sich über den Hügel schlängelnder Karrenweg, ein moosbewachsener Stein mir mehr als die schönste, hingebendste Geliebte der glücklichsten Nacht mir je gewesen ist. Diese stummen und manchmal unbelebten Kreaturen heben sich mir mit einer solchen Fülle, einer solchen Gegenwart der Liebe entgegen, dass mein beglücktes Auge auch ringsum auf keinen toten Fleck zu fallen vermag. Es erscheint mir alles, alles, was es gibt, alles, dessen ich mich entsinne, alles, was meine verworrensten Gedanken berühren, etwas zu sein. Auch die eigene Schwere, die sonstige Dumpfheit meines Hirnes erscheint mir als etwas; ich fühle ein entzückendes, schlechthin unendliches Widerspiel in mir und um mich, und es gibt unter den gegeneinander spielenden Materien keine, in die ich nicht hinüberzufließen vermöchte. Es ist mir dann, als bestünde mein Körper aus lauter Chiffern, die mir alles aufschließen. Oder als könnten wir in ein neues, ahnungsvolles Verhältnis zum ganzen Dasein treten, wenn wir anfingen, mit dem Herzen zu denken. Fällt aber diese sonderbare Bezauberung von mir ab, so weiß ich nichts darüber auszusagen; ich könnte dann ebenso wenig in vernünftigen Worten darstellen, worin diese mich und die ganze Welt durchwebende Harmonie bestanden und wie sie sich mir fühlbar gemacht habe, als ich ein Genaueres über die inneren Bewegungen meiner Eingeweide oder die Stauungen meines Blutes anzugeben vermöchte.

- Erarbeiten Sie, worin das Problem des Lord Chandos besteht und welche Lösung sich andeutet.

- Vergleichen Sie die Aussage des Textes mit der sprachlichen Vermittlung durch ihren fiktiven Autor.

- Überlegen Sie, warum Hugo von Hofmannsthal den Brief aus seiner Zeit, dem Anfang des 20. Jahrhunderts, auf den Anfang des 17. Jahrhunderts gelegt (1602) und in Francis Bacon einen historisch nachweisbaren Adressaten erfunden hat.

Wien

Karl Kraus Die letzten Tage der Menschheit (1919)

DER OPTIMIST: Wenn die Kämpfer nicht ein Ideal vor sich hätten, würden sie nicht in den Krieg ziehen. Auf Worte kommt es nicht an. Weil die Völker Ideale vor Augen haben, tragen sie ihre Haut –
DER NÖRGLER: Zu Markte!
DER OPTIMIST: Nun gerade in der Sprache unserer Armeekommanden müssten Sie einen Zug erkennen, der sich von der trivialen Prosa der von Ihnen verachteten Geschäftswelt kräftig abhebt.
DER NÖRGLER: Gewiss, insoferne diese Sprache bloß eine Beziehung zum Varietégeschäft verrät. So habe ich in einem Divisionskommandobefehl gelesen: ... die, was Heldenmut, todesverachtende Tapferkeit und Selbstaufopferung anbetrifft, das Höchste geleistet haben, was erstklassige Truppen überhaupt zu leisten imstande sind... Sicherlich hat dem Divisionär eine jener erstklassigen Truppen vorgeschwebt, an denen er sich im Frieden oft zu ergötzen pflegte. Das reine Geschäft kommt mehr in der fortwährenden Verwechslung von Schilden und Schildern zur Geltung.
DER OPTIMIST: Meinen Sie das wörtlich?
DER NÖRGLER: Sachlich und wörtlich, also wörtlich.
DER OPTIMIST: Ja es ist ein Kreuz mit der Sprache.
DER NÖRGLER: Das man auf der Brust trägt. Ich trag's auf dem Rücken.
DER OPTIMIST: Ob Sie das nicht überschätzen?
DER NÖRGLER: Zum Beispiel so: Ein Volk, sage ich, ist dann fertig, wenn es seine Phrasen noch in einem Lebensstand mitschleppt, wo es deren Inhalt wieder erlebt. Das ist dann der Beweis dafür, dass es diesen Inhalt nicht mehr erlebt.
DER OPTIMIST: Wie das?
DER NÖRGLER: Ein U-Boot-Kommandant hält die Fahne hoch, ein Fliegerangriff ist zu Wasser geworden. Leerer wird's noch, wenn die Metapher stofflich zuständig ist. Wenn statt einer Truppenoperation zu Lande einmal eine maritime Unternehmung Schiffbruch leidet. Wenn der Erfolg in unsern jetzigen Stellungen bombensicher war und die Beschießung eines Platzes ein Bombenerfolg.
DER OPTIMIST: Ja, diese Redensarten entstammen samt und sonders der kriegerischen Sphäre und jetzt leben wir eben in ihr.
DER NÖRGLER: Wir tun es nicht. Sonst wäre der Schorf der Sprache von selbst abgefallen. Neulich las ich, dass sich die Nachricht von einem Brand in Hietzing wie ein Lauffeuer verbreitet habe. So auch die Nachricht vom Weltbrand.
DER OPTIMIST: Brennts darum nicht?
DER NÖRGLER: Doch. Papier brennt und hat die Welt entzündet. Zeitungsblätter haben zum Unterzünden des Weltbrandes gedient. Erlebt ist nur, dass die letzte Stunde geschlagen hat. Denn Kirchenglocken werden in Kanonen verwandelt.

● Charakterisieren Sie die Sprachkritik von Karl Kraus. Mit welchen Mitteln will seine Kritik ihre Wirkung erzielen?

Robert Musil Die Verwirrungen des Zöglings Törleß (1906)

Der junge Törleß wird als Schüler eines Internats in die sadistischen Quälereien an einem Mitschüler mit hineingezogen.

»Wie bist du darauf gekommen?« »Ich bin ihnen einmal nachgegangen.« [...]

Törleß vermochte nicht zu denken; er sah... Er sah hinter seinen geschlossenen Augen wie mit einem Schlage ein tolles Wirbeln von Vorgängen, ... Menschen; Menschen in einer grellen Beleuchtung, mit hellen Lichtern und beweglichen, tief eingegrabenen Schatten; Gesichter, ... ein Gesicht; ein Lächeln, ... einen Augenaufschlag, ... ein Zittern der Haut; er sah Menschen in einer Weise, wie er sie noch nie gesehen, noch nie gefühlt hatte: Aber er sah sie, ohne zu sehen, ohne Vorstellungen, ohne Bilder, so als ob nur seine Seele sie sähe; sie waren so deutlich, dass er von ihrer Eindringlichkeit tausendfach durchbohrt wurde, aber, als ob sie an einer Schwelle Halt machten, die sie nicht überschreiten konnten, wichen sie zurück, sobald er nach Worten suchte, um ihrer Herr zu werden.

Basini lächelte. Lieblich, süßlich. Starr festgehalten, wie das Lächeln eines Bildes, hob es sich aus dem Rahmen des Lichtes heraus. Törleß saß an seinen Balken gepresst und fühlte das Zittern seiner Augenmuskeln. Nun zählte Beineberg die Schandtaten Basinis auf; gleichmäßig, mit heiseren Worten.

Dann die Frage: »Du schämst dich also gar nicht?« Dann ein Blick Basinis auf Reiting, der zu sagen schien: »Nun ist es wohl schon an der Zeit, dass du mir hilfst.« Und in dem Augenblick gab ihm Reiting einen Faustschlag ins Gesicht, sodass er rückwärts taumelte, über einen Balken stolperte, stürzte. Beineberg und Reiting sprangen ihm nach. [...]

Törleß fühlte sich durch die klagenden Laute angenehm berührt. Wie mit Spinnenfüßen lief ihm ein Schauer den Rücken hinauf und hinunter; dann saß es zwischen seinen Schulterblättern fest und zog mit feinen Krallen seine Kopfhaut nach hinten. Zu seinem Befremden erkannte Törleß, dass er sich in einem Zustande geschlechtlicher Erregung befand. Er dachte zurück, und ohne sich zu erinnern, wann dieser eingetreten sei, wusste er doch, dass er schon das eigentümliche Verlangen sich gegen den Boden zu drücken begleitet hatte. Er schämte sich dessen; aber es hatte ihm wie eine mächtige Blutwelle daherflutend den Kopf benommen.

Beineberg und Reiting kamen zurückgetastet und setzten sich schweigend neben ihn. Beineberg blickte auf die Lampe. In diesem Augenblicke zog es Törleß wieder hinunter. Es ging von den Augen aus, – das fühlte er nun, – von den Augen aus, wie eine hypnotische Starre zum Gehirn. Es war eine Frage, je eine ... nein, eine Verzweiflung... oh es war ihm ja bekannt...: die Mauer, jener Gastgarten, die niederen Hütten, jene Kindheitserinnerung... dasselbe! Dasselbe! Er sah auf Beineberg. »Fühlt denn der nichts?«, dachte er. Aber Beineberg bückte sich und wollte die Lampe aufheben. Törleß hielt seinen Arm zurück. »Ist das nicht wie ein Auge?«, sagte er und wies auf den über den Boden fließenden Lichtschein.

- Analysieren Sie die beiden Ausschnitte hinsichtlich Musils sprachlicher Umsetzung von inneren und äußeren Vorgängen.

Ödon von Horváth **Geschichten aus dem Wienerwald (1931)**

Marianne soll nach dem Willen ihres Vaters den Metzger Oskar heiraten. Sie aber möchte aus dem Kleinbürgermilieu heraus und glaubt, als ihr Vater die Verlobung mit Oskar bekannt gegeben hat, in dem arbeitslosen Alfred die große Liebe gefunden zu haben.

MARIANNE: Die Donau ist weich wie Samt –
ALFRED: Wie Samt.
MARIANNE: Heut möcht ich weit fort – heut könnt man im Freien übernachten.
ALFRED: Leicht.
MARIANNE: Ach, wir armen Kulturmenschen! Was haben wir von unserer Natur!
ALFRED: Was haben wir aus unserer Natur gemacht? Eine Zwangsjacke. Keiner darf, wie er will.
MARIANNE: Und keiner will, wie er darf.
Stille.
ALFRED: Und keiner darf, wie er kann.
MARIANNE: Und keiner kann, wie er soll –
ALFRED *umarmt sie mit großer Gebärde, und sie wehrt sich mit keiner Faser - ein langer Kuß.*
MARIANNE *haucht:* Ich habs gewußt, ich habs gewußt –
ALFRED: Ich auch.
MARIANNE: Liebst du mich, wie du solltest –?
ALFRED: Das hab ich im Gefühl. Komm, setzen wir uns. *Sie setzen sich.*
Stille.
MARIANNE: Ich bin nur froh, daß du nicht dumm bist – ich bin nämlich von lauter dummen Menschen umgeben. Auch Papa ist kein Kirchenlicht – und manchmal glaub ich sogar, er will sich durch mich an meinem armen Mutterl selig rächen. Die war nämlich sehr eigensinnig.
ALFRED: Du denkst zuviel.
MARIANNE: Jetzt gehts mir gut. Jetzt möcht ich singen. Immer, wenn ich traurig bin, möcht ich singen – *Sie summt und verstummt wieder.* Warum sagst du kein Wort?
Stille.
ALFRED: Liebst du mich?
MARIANNE: Sehr.
ALFRED: So wie du solltest? Ich meine, ob du mich vernünftig liebst?
MARIANNE: Vernünftig?
ALFRED: Ich meine, ob du keine Unüberlegtheiten machen wirst – denn dafür könnt ich keine Verantwortung übernehmen.
MARIANNE: Oh Mann, grübl doch nicht – grübl nicht, schau die Sterne – die werden noch droben hängen, wenn wir drunten liegen –
ALFRED: Ich laß mich verbrennen.
MARIANNE: Ich auch – du, o du – du –
Stille.
MARIANNE: Du – wie der Blitz hast du in mich eingeschlagen und hat mich gespalten – jetzt weiß ich es aber ganz genau.

40 ALFRED: Was?
MARIANNE: Daß ich ihn nicht heiraten werde –
ALFRED: Mariann!
MARIANNE: Was hast du denn?
Stille.
45 ALFRED: Ich hab kein Geld.
MARIANNE: Oh warum sprichst du jetzt davon?!
ALFRED: Weil das meine primitivste Pflicht ist! Noch nie in meinem Leben hab ich eine Verlobung zerstört, und zwar prinzipiell! Lieben ja, aber dadurch zwei Menschen auseinanderbringen – nein! Dazu fehlt mir das moralische Recht! Prinzipi-
50 ell!
Stille.

Ludwig Wittgenstein Tractatus logico-philsophicus (1922)

5.6 *Die Grenzen meiner Sprache* bedeuten die Grenzen meiner Welt.
5.61 Die Logik erfüllt die Welt; die Grenzen der Welt sind auch ihre Grenzen. Wir können also in der Logik nicht sagen: Das und das gibt es in der Welt, jenes nicht. Das würde nämlich scheinbar voraussetzen, dass wir gewisse Möglichkeiten aus-
5 schließen und dies kann nicht der Fall sein, da sonst die Logik über die Grenzen der Welt hinaus müsste: wenn sie nämlich diese Grenzen auch von der anderen Seite betrachten könnte. Was wir nicht denken können, das können wir nicht denken; wir können also auch nicht *sagen*, was wir nicht denken können.
5.62 Diese Bemerkung gibt den Schlüssel zur Entscheidung der Frage, inwieweit der
10 Solipsismus[2] eine Wahrheit ist. Was der Solipsismus nämlich *meint*, ist ganz richtig, nur lässt es sich nicht *sagen*, sondern es zeigt sich. Dass die *meine* Welt ist, das zeigt sich darin, dass die Grenzen *der* Sprache (der Sprache, die allein ich verstehe) die Grenzen *meiner* Welt bedeuten.
5.621 Die Welt und das Leben sind Eins.
15 5.63 Ich bin meine Welt. (Der Mikrokosmos.)
5.631 Das denkende, vorstellende, Subjekt gibt es nicht. Wenn ich ein Buch schriebe »Die Welt, wie ich sie vorfand«, so wäre darin auch über meinen Leib zu berichten und zu sagen, welche Glieder meinem Willen unterstehen und welche nicht etc., dies ist nämlich eine Methode, das Subjekt zu isolieren, oder vielmehr zu zei-
20 gen, dass es in einem wichtigen Sinne kein Subjekt gibt: Von ihm allein nämlich könnte in diesem Buch *nicht* die Rede sein. –
5.632 Das Subjekt gehört nicht zur Welt, sondern es ist eine Grenze der Welt.

● Erarbeiten Sie, wie die gespielte und die echte Beziehung zwischen Marianne und Alfred sich in ihrer Sprache entlarvt.

● Fassen Sie Wittgensteins Aussagen zur Sprache in einem Konspekt (s. S. 119) zusammen. Beziehen Sie diese Sicht auf den Dialog zwischen Marianne und Alfred.

[2] Philosophische Lehre, dass die Außenwelt nur in der Vorstellung des Ich existiert und damit dieses Ich mit seinen Erlebnissen einzig wirklich ist.

Projektideen

Ein literarisches Quartett – Kulturzentren in Europa

Entwickeln Sie ein Spiel zum Thema »Kulturzentren in Europa« in Form des bekannten Quartett-Kartenspiels. Bilden Sie dazu zunächst Arbeitsgruppen, die sich jeweils mit einem selbst gewählten Kulturzentrum, z.B. die in diesem Band thematisierten Weimar, Wien und Berlin, aber auch Jena, Prag und München, auseinandersetzen. Informieren Sie sich in Ihren Arbeitsgruppen über die Hauptvertreter und ihr literarisches Schaffen. Wählen Sie anschließend vier Autorinnen bzw. Autoren aus.
Gestalten Sie nun vier Spielkarten zu »Ihrem« Kulturzentrum: Neben Porträts könnten die Karten z.B. die biografischen Daten, Informationen über die Hauptwerke sowie ein für den Autor signifikantes Zitat enthalten. Alle Spielkarten eines Kulturzentrums sollten am Rand ein ihnen gemeinsames Symbol tragen, z.B. das Brandenburger Tor für Berlin.

Spielvarianten:

Die »klassische« Variante
Mischen Sie die Karten gut durch und verteilen Sie sie gleichmäßig an alle Mitspieler. Die Runde beginnt der Spieler links neben dem Geber. Dieser fragt einen beliebigen Mitspieler nach der Autorenkarte, die ihm für sein erstes Quartett fehlt. Hat der Gefragte die Karte, muss er sie abgeben. Der Spieler darf weiter so lange nach Karten fragen, bis jemand nein sagt. Wer als erster nein sagt, ist selbst an der Reihe. Vollständige Quartette werden auf dem Tisch offen abgelegt. Wer am Ende des Spiels die meisten Quartette gesammelt hat, ist Sieger des Spiels.

Die literarische Variante
Der Fragende erhält die benötigte Karte nur, wenn er seinerseits Fragen zum Autor beantworten kann. Die Mitspieler müssen vorher festlegen, welche Fragen das sein sollen, z.B. ungefähre Lebensdaten, ein Hauptwerk etc.

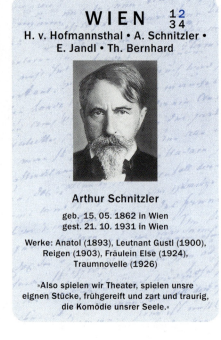

WIEN 1 2 3 4
H. v. Hofmannsthal • A. Schnitzler • E. Jandl • Th. Bernhard

Arthur Schnitzler
geb. 15. 05. 1862 in Wien
gest. 21. 10. 1931 in Wien

Werke: Anatol (1893), Leutnant Gustl (1900), Reigen (1903), Fräulein Else (1924), Traumnovelle (1926)

»Also spielen wir Theater, spielen unsre eignen Stücke, frühgereift und zart und traurig, die Komödie unsrer Seele.«

Klausurtraining

Arthur Schnitzler **Fräulein Else (1924)**

Else wird von ihrer Mutter in einem Brief dazu aufgefordert, sich an den in ihrem Hotel logierenden Herrn von Dorsday »heranzumachen« und diesen um 30 000 Gulden zu bitten, damit die Schulden des Vaters beglichen werden können. Herr von Dorsday verlangt als Gegenleistung, dass sich Else ihm eine Viertelstunde lang nackt präsentiert.

»Überlegen Sie in aller Ruhe. Sie werden vielleicht spüren, dass es nicht einfach ein Handel ist, den ich Ihnen vorschlage.« – Was denn, du klingender Schuft! – »Sie werden möglicherweise ahnen, dass ein Mann zu Ihnen spricht, der ziemlich einsam und nicht besonders glücklich ist und der vielleicht einige Nachsicht verdient.« – Affek-
5 tierter Schuft. Spricht wie ein schlechter Schauspieler. Seine gepflegten Finger sehen aus wie Krallen. Nein, nein, ich will nicht. Warum sag' ich es denn nicht. Bring' dich um, Papa! Was will er denn mit meiner Hand? Ganz schlaff ist mein Arm. Er führt meine Hand an seine Lippen. Heiße Lippen. Pfui! Meine Hand ist kalt. Ich hätte Lust, ihm den Hut herunterzublasen. Ha, wie komisch wär' das. Bald ausgeküsst, du
10 Schuft? – Die Bogenlampen vor dem Hotel brennen schon. Zwei Fenster stehen offen im dritten Stock. Das, wo sich der Vorhang bewegt, ist meines. Oben auf dem Schrank glänzt etwas. Nichts liegt oben, es ist nur der Messingbeschlag. – »Also auf Wiedersehen, Else.« – Ich antworte nichts. Regungslos stehe ich da. Er sieht mir ins Auge. Mein Gesicht ist undurchdringlich. Er weiß gar nichts. Er weiß nicht, ob ich kom-
15 men werde oder nicht. Ich weiß es auch nicht. Ich weiß nur, dass alles aus ist. Ich bin halbtot. Da geht er. Ein wenig gebückt. Schuft! Er fühlt meinen Blick auf seinem Nacken. Wen grüßt er denn? Zwei Damen. Als wäre er ein Graf, so grüßt er. Paul soll ihn fordern und ihn totschießen. Oder Rudi. Was glaubt er denn eigentlich? Unverschämter Kerl! Nie und nimmer. Es wird dir nichts anderes übrig bleiben, Papa, du
20 musst dich umbringen. – Die zwei kommen offenbar von einer Tour. Beide hübsch, er und sie. Haben sie noch Zeit, sich vor dem Diner umzukleiden? Sind gewiss auf der Hochzeitsreise oder vielleicht gar nicht verheiratet. Ich werde nie auf einer Hochzeitsreise sein. Dreißigtausend Gulden. Nein, nein, nein! Gibt es keine dreißigtausend Gulden auf der Welt? Ich fahre zu Fiala. Ich komme noch zurecht. Gnade,
25 Gnade, Herr Doktor Fiala. Mit Vergnügen, mein Fräulein. Bemühen Sie sich in mein Schlafzimmer. – Tu mir doch den Gefallen, Panl, verlange dreißigtausend Gulden von deinem Vater. Sage, du hast Spielschulden, du musst dich sonst erschießen. Gern, liebe Kusine. Ich habe Zimmer Nummer soundsoviel, um Mitternacht erwarte ich dich. O, Herr von Dorsday, wie bescheiden sind Sie. Vorläufig.

- Stellen Sie Elses inneren Konflikt zwischen ihren Wünschen und den familiären und gesellschaftlichen Normen dar, wie er inhaltlich und sprachlich zum Ausdruck kommt.

- Verfassen Sie einen Dialog zwischen Else und ihrer Mutter, in dem Else von ihrer Begegnung mit Herrn von Dorsday berichtet.

Kulturmetropole Berlin – Aufbruch ins 21. Jahrhundert

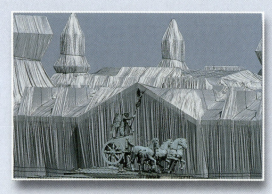

Christo and Jeanne-Claude: *Wrapped Reichstag, Berlin 1971 – 95*

Brigitte Burmeister Das große Fest (1994)

[…] und fern liegt schon das große Fest, das niemand organisiert, die ganze Stadt gefeiert hatte, die im Taumel ohnegleichen, freudetrunken, herzzerreißend erleichtert nach Worten rangen und Luft holen und beim Durchatmen Reif um Reif sprengten und da erst spürten, wie viele es waren. Dass wir damals anders ausgesehen, uns anders angesehen haben als je zuvor und danach, ist eine nicht mehr erreichbare Gewissheit. Unvergesslich, versichern wir einander von Zeit zu Zeit im Alltag und versuchen vielleicht, die nicht vergessene Freude wiederzuerleben, etwas aus ihr zu gewinnen für jetzt, und wissen dabei, dass man Erinnerungen nur aufheben kann, weiter nichts, die alten Bilder ansehen an Jahrestagen oder wann immer, die Sätze nachsprechen, die damals gesagt und Zeichen wurden für unser Dabeigewesensein.

Das gibts nur einmal! […]

Ich dachte an die Novembernacht, an all die Menschen auf der Straße, an den Mann, der auf der Mauer gestanden, mit einem Glas Sekt in der Hand, gesungen hatte, laut und rein: Freude, schöner Götterfunken …

Kulturmetropole Berlin

Anlage einer Arbeitsmappe zu einem Unterrichtsvorhaben

Präsentation

Eine Arbeitsmappe ist eine Form des Arbeitstagebuchs. Sie begleitet ein Unterrichtsvorhaben und wächst mit ihm. Die Arbeitsmappe dient als »persönliches« Nachschlagewerk. Dabei dokumentiert sie sowohl den individuellen als auch den gemeinsamen Arbeitsprozess im Kurs. Die Arbeitsmappe kann zur Vorbereitung für eine Prüfung genutzt werden (z.B. Klausur, Abitur).

In der Arbeitsmappe werden alle Materialien, die zu einem Unterrichtsvorhaben gehören, gesammelt und geordnet. Ordnungskriterien könnten z.B. sein: Verlauf des Unterrichtsvorhabens, methodische Zugriffsweisen, thematische Schwerpunkte.

Im Einzelnen gehören in eine Arbeitsmappe folgende Materialien hinein:
– Arbeitsblätter;
– Mitschriften aus dem Unterricht incl. Tafelskizzen (im Original, überarbeitet und ergänzt);
– eigene Texte, Grafiken etc. mit und ohne Aufgabenstellung aus dem Unterricht (u.a. Hausaufgaben, selbstständig verfasste Texte);
– Zusatzmaterialien in Form von Bild und Text.

Bei der Anlage der Arbeitsmappe sollten folgende formale Vorgaben beachtet werden:
– Anlage eines Deckblatts mit Namen, Thema des Unterrichtsvorhabens, Fach, Fachlehrer, Kurs, Jahrgangsstufe, Zeitraum, über den sich das Unterrichtsvorhaben erstreckt;
– gegliedertes Inhaltsverzeichnis (einheitliche Systematik);
– Seitenzählung;
– fortlaufende Datierung der einzelnen Blätter.

- Erarbeiten Sie, wie die Ich-Erzählerin den Mauerfall 1989 im Rückblick erlebt. Mit welchen sprachlichen Mitteln drückt sie ihre Gefühle aus? Stellen Sie eine Beziehung zwischen der Reflexion über den Mauerfall und der Verhüllung des Reichstages durch den Künstler Christo und seine Frau Jeanne-Claude her.

- Der ehemalige Bundespräsident Richard von Weizsäcker hat 1987 gesagt: »Man übertreibt nur wenig, wenn man sagt, die ganze Geschichte Europas im 20. Jahrhundert ließe sich von Berlin aus schreiben.« Erstellen Sie eine Wandzeitung, auf der Sie exemplarisch Verbindungen zwischen europäischer Geschichte und Berliner Stadtgeschichte im 20. Jahrhundert aufzeigen. Nutzen Sie für die Visualisierung sowohl historische als auch literarische Dokumente. Verwenden Sie Text- und Bildmaterial. Greifen Sie auch auf entsprechendes Text- und Bildmaterial aus diesem Kapitel zurück.

- Legen Sie zum Unterrichtsvorhaben »Berliner Spaziergänge« eine Arbeitsmappe an. Klären Sie mit Ihrem Kurslehrer, Ihrer Kurslehrerin mögliche Bewertungskriterien ab (z. B. Vollständigkeit, Aufarbeitung von Unterrichtsmaterial, eigenständige Erarbeitungen, formale Richtigkeit etc.).

Berliner Spaziergänge

Alfred Döblin **Berlin Alexanderplatz (1929)**

Döblin erzählt in seinem Großstadtroman die Geschichte des Arbeiters Franz Biberkopf. Biberkopf, aus der Haftanstalt Berlin-Tegel entlassen, versucht in Berlin Fuß zu fassen. Der Leser begleitet Biberkopf bei seinen Wegen durch das Berlin der 20er Jahre.

Mit der 41 in die Stadt

Er stand vor dem Tor des Tegeler Gefängnisses und war frei. Gestern hatte er noch hinten auf den Äckern Kartoffeln geharkt mit den andern, in Sträflingskleidung, jetzt ging er im gelben Sommermantel, sie harkten hinten, er war frei. Er ließ Elektrische auf Elektrische vorbeifahren, drückte den Rücken an die rote Mauer und ging nicht. Der Aufseher am Tor spazierte einige Male an ihm vorbei, zeigte ihm seine Bahn, er ging nicht. Der schreckliche Augenblick war gekommen (schrecklich, Franze, warum schrecklich?), die vier Jahre waren um. Die schwarzen eisernen Torflügel, die er seit einem Jahre mit wachsendem Widerwillen betrachtet hatte [Widerwillen, warum Widerwillen], waren hinter ihm geschlossen. Man setzte ihn wieder aus. Drin saßen die andern, tischlerten, lackierten, sortierten, klebten, hatten noch zwei Jahre, fünf Jahre. Er stand an der Haltestelle.

Die Strafe beginnt.

Er schüttelte sich, schluckte. Er trat sich auf den Fuß. Dann nahm er einen Anlauf und saß in der Elektrischen. Mitten unter den Leuten. Das war zuerst, als wenn man beim Zahnarzt sitzt, der eine Wurzel mit der Zange gepackt hat und zieht, der Schmerz wächst, der Kopf will platzen. Er drehte den Kopf zurück nach der roten Mauer, aber die Elektrische sauste mit ihm auf den Schienen weg, dann stand nur noch sein Kopf in der Richtung des Gefängnisses. Der Wagen machte eine Biegung, Bäume, Häuser traten dazwischen. Lebhafte Straßen tauchten auf, die Seestraße, Leute stiegen ein und aus. In ihm schrie es entsetzt: Achtung, Achtung, es geht los. Seine Nasenspitze vereiste, über seine Backe schwirrte es. »Zwölf Uhr Mittagszeitung«, »B.Z.«, »Die neue Illustrierte«, »Die Funkstunde neu«, »Noch jemand zugestiegen?« Die Schupos haben jetzt blaue Uniformen. Er stieg unbeachtet wieder aus dem Wagen, war unter Menschen. Was war denn? Nichts. Haltung, ausgehungertes Schwein, reiß dich zusammen, kriegst meine Faust zu riechen. Gewimmel, welch Gewimmel. Wie sich das bewegte. Mein Brägen[1] hat wohl kein Schmalz mehr, der ist wohl ganz ausgetrocknet. Was war das alles, Schuhgeschäfte, Hutgeschäfte, Glühlampen, Destillen. Die Menschen müssen doch Schuhe haben, wenn Sie so viel rumlaufen, wir hatten ja auch eine Schusterei, wollen das mal festhalten. Hundert blanke Scheiben, lass die doch blitzern, die werden dir doch nicht bange machen, kannst sie ja kaputt schlagen, was ist denn mit die, sind eben blank geputzt. Man riss das Pflaster am Rosenthaler Platz auf, er ging zwischen andern auf Holzbohlen. Man mischt sich unter die andern, da vergeht alles, dann merkst du nichts, Kerl. Figuren standen in den Schaufenstern in Anzügen, Mänteln, mit Röcken, mit Strümpfen und Schuhen. Draußen bewegte sich alles, aber – dahinter – war nichts! Es – lebte – nicht!

[1] auch Bregen = Gehirn, Schädel

Kulturmetropole Berlin

Es hatte fröhliche Gesichter, es lachte, wartete auf der Schutzinsel gegenüber Aschinger[2] zu zweit oder zu dritt, rauchte Zigaretten, blätterte in Zeitungen. So stand das da wie die Laternen – und wurde immer starrer. Sie gehörten zusammen mit den Häusern, alles weiß, alles Holz.

Schreck fuhr in ihn, als er die Rosenthaler Straße herunterging und in einer kleinen Kneipe ein Mann und eine Frau dicht am Fenster saßen: Die gossen sich Bier aus Seideln in den Hals, ja was war dabei, sie tranken eben, sie hatten Gabeln und stachen sich damit Fleischstücke in den Mund, dann zogen sie die Gabeln wieder heraus und bluteten nicht. Oh, krampfte sich sein Leib zusammen, ich kriege es nicht weg, wo soll ich hin? Es antwortete: Die Strafe.

Er konnte nicht zurück, er war mit der Elektrischen so weit hierher gefahren, er war aus dem Gefängnis entlassen und musste hier hinein, noch tiefer hinein.

Das weiß ich, seufzte er in sich, dass ich hier rin muss und dass ich aus dem Gefängnis entlassen bin. Sie mussten mich ja entlassen, die Strafe war um, hat seine Ordnung, der Bürokrat tut seine Pflicht. Ich geh auch rin, aber ich möchte nicht, nein, ich kann nicht.

Er wanderte die Rosenthaler Straße am Warenhaus Tietz vorbei, nach rechts bog er ein in die schmale Sophienstraße. Er dachte, diese Straße ist dunkler, wo es dunkel ist, wird es besser sein. Die Gefangenen werden in Einzelhaft, Zellenhaft und Gemeinschaftshaft untergebracht. Bei Einzelhaft wird der Gefangene bei Tag und Nacht unausgesetzt von andern Gefangenen gesondert gehalten. Bei Zellenhaft wird der Gefangene in einer Zelle untergebracht, jedoch bei Bewegung im Freien, beim Unterricht, Gottesdienst mit andern zusammengebracht. Die Wagen tobten und klingelten weiter, es rann Häuserfront neben Häuserfront ohne Aufhören hin. Und Dächer waren auf den Häusern, die schwebten auf den Häusern, seine Augen irrten nach oben: Wenn die Dächer nur nicht abrutschten, aber die Häuser standen gerade. Wo soll ick armer Deibel hin, er latschte an der Häuserwand lang, es nahm kein Ende damit. Ich bin ein ganz großer Dussel, man wird sich hier doch noch durchschlängeln können, fünf Minuten, zehn Minuten, dann trinkt man einen Kognak und setzt sich. Auf entsprechendes Glockenzeichen ist sofort mit der Arbeit zu beginnen. Sie darf nur unterbrochen werden in der zum Essen, Spaziergang, Unterricht bestimmten Zeit. Beim Spaziergang haben die Gefangenen die Arme ausgestreckt zu halten und sie vor- und rückwärts zu bewegen. [...]

Mit gespitztem Munde grunzte er und ermutigte sich, die Hände in den Taschen geballt. Seine Schultern im gelben Sommermantel waren zusammengezogen zur Abwehr.

- Untersuchen Sie, wie Franz Biberkopf in Döblins Berlin-Roman die Großstadt erlebt.

- Mithilfe welcher Stilmittel verdeutlicht Döblin die psychische Verfassung Biberkopfs? Gehen Sie auch auf die Verwendung von epischem Bericht, erlebter Rede und innerem Monolog ein (s. S. 67).

[2] Bierlokal

Kulturmetropole Berlin

Jakob Arjouni Fred is in town! (1996)

Fred Hoffmann begeht mit Freunden in der deutschen Provinz einen Banküberfall, für den er mehrere Jahre ins Gefängnis muss. Er erlebt den Mauerfall im Gefängnis. Nach seiner Entlassung geht er nach Berlin, um sich seinen Beuteanteil zu sichern.

Zwanzig Minuten später fuhren sie in Berlin ein. Fred drückte sich ans Fenster. Das war also die Stadt, die er so oft im Fernsehen gesehen hatte! [...] Kurz darauf hielt der Zug im Bahnhof Zoo. Von einem juchzenden und kreischenden Teenager-Klassenfahrtsrudel wurde Fred den Bahnsteig entlang getrieben. Verwundert sah er sich
5 um. Der ganze Hauptstadtbahnhof bestand aus vier Gleisen, zwei Bierbuden und einem Schaffnerhäuschen. Das Rudel drückte sich zusammen, und Schulter an Schulter ging es eine enge, urinfarben gekachelte Treppe hinunter in die Bahnhofshalle. Geschenkeshops, Frittenbuden, Stehcafés – unverwechselbar wie hundert andere Bahnhofshallen in Deutschland.
10 Fred überquerte die Straße und lief über einen farblosen Betonplatz. Der Himmel war grau und reglos, als hätte jemand ein schmutziges Brett über die Stadt gelegt. Dumpfes Verkehrsbrausen und Baustellenhämmern erfüllte die Luft. Dann mischten sich Stimmengewirr und Musikfetzen darunter, und je näher Fred der halben Kirche kam, desto belebter wurde der Platz. Reisegruppen und Luftballonverkäufer kamen
15 ihm entgegen, barfüßige Gitarrenspieler, Zigeunerkinder, Frauen mit Glatzen. Seltsame Sprachfetzen flogen ihm um die Ohren. Neugierig schaute er sich nach Männern mit Turbanen um.
An der Kirche stieß er auf eine Reihe Klapptische, die mit Flugblättern und Plaketten beladen waren. Hinter einem von ihnen sammelte eine Frau Unterschriften
20 gegen zu hohe, Dackelrückgrat zerstörende Bordsteinkanten. Daneben warb eine junger Mann in Popenkleidung für Sexkuren. Fred las verwundert die Flugblätter. Als er merkte, dass der Pope ihm tief in die Augen sah, macht er, dass er weiterkam. Er bog um die halbe Kirche, und plötzlich tat sich ein überwältigendes Bild vor ihm auf: ein Boulevard, eine Avenue! Andere hätten vielleicht gesagt, eine normale Ein-
25 kaufsstraße, ein bisschen breiter als üblich, ein bisschen hässlicher als nötig, aber die kamen auch nicht aus Dieburg und hatten vier Jahre Gefängnisruhe hinter sich. Wie ein gewaltiger Jahrmarkt kam Fred das bunte, glitzernde, laute, unübersichtliche Treiben vor: Cafés, Restaurants, Kinos, Kaufhäuser, Blechlawine, gelbe Doppeldeckerbusse, und dazwischen ein endloses Gewusel von Menschen. Er blieb stehen
30 und schnalzte begeistert mit der Zunge. Here we are! That's Berlin! Fred is in town!

● Jakob Arjouni greift in seinem Gegenwartsroman das Ankunftsmotiv aus Döblins »Berlin Alexanderplatz« auf. Vergleichen Sie die Wahrnehmung der Großstadt durch den jeweiligen Protagonisten.

● Die Aufnahme eines Motivs oder das Aufgreifen von Zitaten aus anderen Texten ist ein zentrales Merkmal zeitgenössischer Literatur (Postmoderne). Was könnte Autoren reizen, Aspekte aus Fremdtexten in ihre Werke aufzunehmen? Welche Vorstellungen vom Leser setzt ein derartiges Vorgehen voraus?

Irmgard Keun Das kunstseidene Mädchen (1932)

Die 18-jährige Doris – das Alter Ego Irmgard Keuns – erlebt das Berlin der 20er Jahre.

Ich bin in Berlin. Seit ein paar Tagen. Mit einer Nachtfahrt und noch neunzig Mark übrig. Damit muss ich leben, bis sich mir Geldquellen bieten. Ich habe Maßloses erlebt. Berlin senkte sich auf mich wie eine Steppdecke mit feurigen Blumen. Der Westen ist vornehm mit hochprozentigem Licht – wie fabelhafte Steine ganz teuer und mit so gestempelter Einfassung. Wir haben hier ganz übermäßige Lichtreklame. Um mich war ein Gefunkel. Und ich mit dem Feh³. Und schicke Männer wie Menschenhändler, ohne dass sie gerade mit Mädchen handeln, was es ja nicht mehr gibt – aber sie sehen danach aus, weil sie es tun würden, wenn was bei rauskäme. Sehr viel glänzende schwarze Haare und Nachtaugen so tief im Kopf. Aufregend. Auf dem Kurfürstendamm sind viele Frauen. Die gehen nur. Sie haben gleiche Gesichter und viel Maulwurfpelze – also nicht ganz erste Klasse – aber doch schick – so mit hochmütigen Beinen und viel Hauch um sich. Es gibt eine Untergrundbahn, die ist wie ein beleuchteter Sarg auf Schienen – unter der Erde muffig, und man wird gequetscht. Damit fahre ich. Es ist sehr interessant und geht schnell.

Und ich wohne bei Tilli Scherer in der Münzstraße, das ist beim Alexanderplatz, da sind nur Arbeitslose ohne Hemd und furchtbar viele. Aber wir haben zwei Zimmer, und Tilli hat Haare aus gefärbtem Gold und einen verreisten Mann, der arbeitet bei Essen Straßenbahnschienen. Und sie filmt. Aber sie kriegt keine Rollen, und es geht auf der Börse ungerecht zu. Tilli ist weich und rund wie ein Plümo und hat Augen wie blank geputzte blaue Glasmurmeln. Manchmal weint sie, weil sie gern getröstet wird. Ich auch. Ohne sie hätte ich kein Dach. Ich bin ihr dankbar, und wir haben dieselbe Art und machen uns keine böse Luft. Wenn ich ihr Gesicht sehe, wenn es schläft, habe ich gute Gedanken um sie. Und darauf kommt es an, wie man zu einem steht, wenn er schläft und keinen Einfluss auf einen nimmt. Es gibt auch Omnibusse – sehr hoch – wie Aussichtstürme, die rennen. Damit fahre ich auch manchmal. Zu Hause waren auch viele Straßen, aber die waren wie verwandt zusammen. Hier sind noch viel mehr Straßen und so viele, dass sie sich gegenseitig nicht kennen. Es ist eine fabelhafte Stadt.

Ich gehe nachher in eine Jockeybar mit einem Mädchenhändlerartigen, an dem mir sonst nichts liegt. Aber ich komme dadurch ins Milieu, das mir Aussicht bietet. Tilli sagt auch, ich sollte. Jetzt bin ich auf der Tauentzien bei Zuntz, was ein Kaffee ist ohne Musik, aber billig – und viel eilige Leute wie rasender

---

³ Fell eines russisch-sibirischen Eichhörnchens

Staub, bei denen man merkt, dass Betrieb ist in der Welt. Ich habe den Feh an und wirke. Und gegenüber ist eine Gedächtniskirche, da kann aber niemand rein wegen der Autos drum rum, aber sie hat eine Bedeutung und Tilli sagt, sie hält den Verkehr auf.

Paratexte untersuchen – Paratexte gestalten

Unter Paratexten versteht man verbale und nonverbale Begleitproduktionen, die in einem unterschiedlichen engen Verhältnis zum Text eines Werks stehen. Dabei kann es sich um die Verlagswerbung, Interviews und Gespräche mit dem Autor zu seinem Text, Klappentexte, aber auch um Covergestaltung und Illustrationen im Inneren eines Textes handeln. Paratexte haben die Aufgabe, den Leser zum Lesen eines Buches bzw. zu dessen Kauf zu motivieren. Dementsprechend sollen sie vorstellungsbildend wirken. Eine bestimmte Covergestaltung in Ergänzung mit dem Klappentext, evtl. einem Zitat aus dem jeweiligen Buch, sollen neugierig machen auf das Geschehen und Vorstellungen über Personen und Handlungsverlauf in Gang setzen. Dabei können auch schon besondere Merkmale des Textes (Zeitbezug, Requisiten) betont werden, denen auf diese Weise bei der Lektüre besondere Aufmerksamkeit gewidmet wird. Paratexte helfen bei der Entscheidung für eine bestimmte Lektüre, bieten Ansätze für erste Interpretationshypothesen und zeigen historisch-gesellschaftliche und ästhetische Vorstellungen auf.
Im Einzelnen können Cover, Klappentexte und Illustrationen in verschiedenen Buchausgaben auch aus unterschiedlichen historischen Kontexten verglichen werden. Dabei sollten auch Ausgaben im Ausland einbezogen werden.

- Wie erlebt die Ich-Erzählerin Berlin? Welche Erwartungen hat sie an die Metropole? Vergleichen Sie ihre Darstellung mit der Wahrnehmung der Hauptfiguren bei Döblin und Arjouni. Untersuchen Sie den Zusammenhang zwischen der Betrachtungsweise der Ich-Erzählerin und ihrem Sprachstil. Achten Sie auf Syntax und Wortwahl.

- Lesen Sie einen der drei Romane von Döblin, Arjouni oder Keun. Entwerfen Sie einen Buchumschlag. Der Buchumschlag sollte einen Bildteil, einen Klappentext sowie ein ca. zehnzeiliges Zitat aus dem Text enthalten. Stellen Sie Ihr Produkt unter besonderer Berücksichtigung Ihres Interpretationsansatzes vor. Vergleichen Sie Ihre Gestaltungen mit verschiedenen Verlagsausgaben der Texte.

Robert Gernhardt **Erich Kästner – Wiedergelesen:
»Besuch vom Lande« (2000)**

Sie stehen verstört am Potsdamer Platz.
Und finden Berlin zu laut.
Die Nacht glüht auf in Kilowatts.
Ein Fräulein sagt heiser: »Komm mit,
    mein Schatz!«
Und zeigt entsetzlich viel Haut.

So fetzig beginnt ein altes Gedicht.
Erich Kästner hat es verfasst.
Die Kilowatts spenden immer noch
    Licht
am Potsdamer Platz. Doch viel Haut ist
    nicht,
vermerkt bedauernd der Gast.

Sie wissen vor Staunen nicht aus und
    nicht ein.
Sie stehen und wundern sich bloß.
Die Bahnen rasseln. Die Autos schrein.
Ich zieh mir versonnen die Zeilen rein:
Hier war ja der Teufel los!

Das ist nun schon siebzig Jahre her.
Da stand Erich Kästner am Platz.
Wer heute dort steht, der sieht ihn nicht
    mehr,
den Platz. Er ist weg mitsamt dem Ver-
    kehr
und dem *»Komm mit, mein Schatz!«*

Sie machen vor Angst die Beine krumm.
Und machen alles verkehrt.
Das war mal. Heut schlendern sie lässig
    rum.
Sie sagen: »Nicht übel« und schauen
    sich um.
Und wirken sehr abgeklärt.

Es klingt, als ob die Großstadt stöhnt.
Heut klingt es, als ob sie pfeift.
Hier wird die Berlinale beklönt,
getrunken, gegessen, geschwatzt und
    gelöhnt.
Man gibt sich sehr cool und gereift.

Sie stehn am Potsdamer Platz herum,
bis man sie überfährt.
So käme kein heutiger Gast mehr um
am Potsdamer Platz. Er wär dann stock-
    stumm.
Sprich: nicht wirklich bemitleidenswert.

Der Potsdamer Platz war einst *wild,*
    groß und *laut.*
Heut ist er sehr clean und sehr hell.
Er wirkt wie für zappende Cyborgs
    gebaut.
Und wenn die noch was aus dem Anzug
    haut,
dann schlimmstenfalls virtuell.

- Erkunden Sie die Machart des Textes.
- Stellen Sie die Aussagen über den alten und den neuen Potsdamer Platz einander gegenüber und erläutern Sie die Beziehung der Textteile zueinander. Zeigen Sie anhand ausgewählter Textstellen den satirischen Gehalt sowohl der einzelnen Texte als auch der Textmontage.
- Wählen Sie ein Gedicht über Berlin und montieren Sie es mit Ausschnitten aus einem frei gewählten Informationstext über Berlin, z.B. Berlin-Werbung. Dabei sollte durch die Montage ein Text den anderen kommentieren.

Monika Maron **Eigentlich sind wir nett (1999)**

Vor einigen Wochen fuhr ich mit dem Zug von Ulm nach Berlin und kam während der achtstündigen Fahrt mit einem Herrn ins Gespräch, der nie zuvor in Berlin gewesen war und der sich nun, weil er seinen studierenden Sohn besuchen wollte, zum ersten Mal auf dieses ihm missliebige Wagnis einließ.

Der Herr war noch keine fünfzig. Er trug ein kleinkariertes Jackett, braune Hosen, braune Schuhe. Am Kleiderhaken hing ein Trenchcoat mit Burberryfutter.

Vor der Wende sei er aus Prinzip nicht nach Berlin gefahren, schon wegen der Vopos nicht, aber auch wegen des ganzen heroischen Getues der Berliner. Die Berliner seien ihm von jeher unsympathisch gewesen. In Süddeutschland habe man sie ja als Urlauber zur Genüge kennen lernen können. [...]

Langsam stieg Unmut in mir auf. Als Berlinerin bin ich an Schmähreden gewöhnt; und dass wir nicht besonders höflich sind, wissen wir selbst; und wenn wir von uns behaupten, wir seien rau, aber herzlich, beweist das allein, dass wir uns über unseren Charme keine Illusionen machen. Aber dass jeder schwäbische Schulmeister über unsere Humorlosigkeit lamentieren darf, geht zu weit. [...]

»Wir haben da im Süden eine ganz andere Kultur, aber der Berliner bemitleidet sich gerne selbst. Der ist an seine Subventionen gewöhnt, die haben ja noch 1989 Mieten gezahlt wie Ulm in den Sechzigern[...].«

»Jetzt reicht es aber«, sagte ich, mittlerweile erschöpft von meiner eigenen Langmut. »Jetzt hören Sie mir mal zu«, sagte ich, »wir sind jetzt in Hannover, und bis Zoo hören Sie mir jetzt zu. So höflich, wie ich Ihnen zugehört habe. Von mir aus auch so humorlos. Also: Wenn man den Ulmern oder den Münchnern oder den Heidelbergern vor zehn Jahren erklärt hätte, dass sie für den Rest ihres Lebens auf einer Baustelle wohnen werden, hätten die vielleicht nur mit den Schultern gezuckt und gesagt: Na, wennt sein muss, besser, als wenn nischt jemacht wird? Hätten sie nicht. Das haben aber die Berliner gesagt und suchen sich seitdem jeden Tag, den Gott werden lässt, neue Wege durch ihr Zentrum – das vermutlich so groß ist wie ganz Ulm – mürrisch wie immer, aber auch nicht viel mürrischer. Und wenn sich irgendein russischer Mafioso nach Ulm verirren würde, hätten die Ulmer Zeitungen Stoff für drei Wochen und die Vertreiber von Sicherheitsanlagen Hochkonjunktur. Aber wir haben außer der russischen die vietnamesische, die rumänische, die albanische, wahrscheinlich eine polnische und bulgarische Mafia und fragen uns höchstens, ob die mongolische eigentlich auch schon da ist. Sie denken, weil die Schwaben an jedes Wort ein »le« hängen, sind sie auch die gemütvolleren Menschen, als würde aus einem Kampfhund ein Schoßhund werden, nur weil er Hundle heißt. Der Berliner ist ein wahrer Gemütsmensch, und was Sie als humorlos bezeichnen, ist seine kindliche Natur. Kinder verstehen keine Ironie. Aber wenn man zu den Berlinern sagt: Wir graben jetzt eure Stadt um, und ihr bekommt eine rote Box[4], von der aus ihr das Graben und Bauen beobachten könnt, dann klettern sie alle rauf und gucken runter und haben so ihr Vergnügen an der ganzen Plage. Und wenn man den Berlinern sagt: Jetzt ist die Kuppel vom Reichstag fertig, ihr könnt sie euch ansehen, dann stellen sie sich

---

[4] Pavillon, der über die Bauvorhaben am Potsdamer Platz informiert hat

Kulturmetropole Berlin

am nächsten Tag drei Stunden lang an, gehen rund um die Kuppel und sind entzückt, dass es sie gibt. Und wenn die Berliner Museen nachts öffnen, weil das interessanter ist als am Tag, dann gehen die Berliner nachts ins Museum und freuen sich, wenn sie Bekannte treffen. Und wenn Sie den Berlinern sagen«, sagte ich zu dem Herrn aus Ulm, »dass morgen der irrste Regen der letzten fünf und der nächsten zehn Jahre fallen wird, dann werden sie alle in Gummistiefeln und mit Regenschirmen auf die Straße rennen, um den irren Regen nicht zu verpassen, und manche werden sogar ohne Regenschirm und barfuß kommen, jawohl.«

Ich redete und redete. Der Herr aus Ulm wirkte ziemlich eingeschüchtert, wie er sich in die Polster seines Zweiteklassesitzes drückte und mich schweigend und ungläubig anstarrte, während ich ihm alles sagte, was ich mir selbst manchmal hersage, wenn ich mich über den grobschlächtigen, uneleganten, missgelaunten Menschenschlag, zu dem ich gehöre und mit dem umzugehen ich gezwungen bin, hinwegtrösten will.

»Und«, sagte ich zu dem Herrn aus Ulm, »die Berliner verleihen ihr Zentrum an jeden, der es haben will, an Raver, Marathonläufer, Radrennfahrer, Kinder, an Protestierer jeder Couleur, sicher auch an schwäbische Trachtengruppen, wenn sie es wünschten, weil die Berliner solche Gemütsmenschen sind«, sagte ich und verschwieg, dass ich den Berliner Senat oft genug verfluchte, weil er unser Stadtzentrum vermietet wie ein Gastwirt seinen Tanzsaal.

Mit meinen letzten Worten fuhr der Zug in Berlin-Wannsee ein. Der Herr sah neugierig und eher unbeeindruckt von meinem Plädoyer aus dem Fenster. Ich musste zum Finale kommen.

»Also, was ich sagen wollte«, sagte ich, »wir sind eigentlich nett. Sie müssen wirklich keine Angst haben. Und wenn jemand Sie anmeckert, ein Lastwagenfahrer, dem Sie im Weg stehen, oder eine ungeduldige Verkäuferin, der Sie zu langsam sagen, was Sie wollen, dann sollten Sie nicht empört oder gekränkt sein, sondern ruhig und direkt fragen: Warum schimpfen Sie mit mir?«

»Das ist ja lächerlich«, sagte der Herr.

»Versuchen Sie es einfach. Und dann wird der Lastwagenfahrer zu Ihnen sagen: ›Wissense, wie oft mir dit am Tach passiert, ick kann Ihnen janich sagen, wie oft. Und sehnse mal, wat ick denn machen muss, hier sehnse die Kurbelei, und dit zichmal am Tach, sehnse. Ick bin seit zwanzich Jahren im Beruf, ick kann Ihnen wat erzählen... Und dann erzählt er, und am Ende sagt er: Also nicht für unjut, wa, aber denkense in Zukunft mal dran. Schönen Tach noch, tschüs.‹ Und mit der Verkäuferin wird es ganz ähnlich sein. Ganze Lebensläufe und Familiengeschichten können Sie so erfahren. Jede Meckerei ist ein getarntes Gesprächsangebot, das können Sie ruhig glauben. Sie können sich natürlich auch so benehmen, wie Sie sich mir gegenüber benommen haben, und dann werden sich vermutlich alle Ihre Vorurteile erfüllen; die sich selbst erfüllende Prophezeiung heißt das.

- Erarbeiten Sie Fremd- und Eigenbilder der Berliner. Ergänzen Sie die Vorstellungen evtl. durch eigene Bilder von den Berlinern.

- Stellen Sie Fremd- und Eigenbilder über Ihre Region zusammen. Erörtern Sie die Entstehung von regionalen Fremd- und Eigenbildern in einem Land.

Kulturmetropole Berlin

Wladimir Kaminer Geschäftstarnungen (2000)

Einmal verschlug mich das Schicksal nach Wilmersdorf. Ich wollte meinem Freund Ilia Kitup, dem Dichter aus Moskau, die typischen Ecken Berlins zeigen. Es war schon Mitternacht, wir hatten Hunger und landeten in einem türkischen Imbiss. Die beiden Verkäufer hatten augenscheinlich nichts zu tun und tranken in Ruhe ihren Tee.
Die Musik aus dem Lautsprecher kam meinem Freund bekannt vor. Er erkannte die Stimme einer berühmten bulgarischen Sängerin und sang ein paar Strophen mit. »Hören die Türken immer nachts bulgarische Musik?« Ich wandte mich mit dieser Frage an Kitup. »Das sind keine Türken, das sind Bulgaren, die nur so tun, als wären sie Türken,« erklärte mir Kitup, der auch ein wenig bulgarisches Blut in seinen Adern hat. »Das ist wahrscheinlich ihre Geschäftstarnung.« »Aber wieso tun sie das?«, fragte ich. »Berlin ist zu vielfältig. Man muss die Lage nicht unnötig verkomplizieren. Der Konsument ist daran gewöhnt, dass er in einem türkischen Imbiss von Türken bedient wird, auch wenn sie in Wirklichkeit Bulgaren sind«, erklärten uns die Verkäufer.
Gleich am nächsten Tag ging ich in ein bulgarisches Restaurant, das ich vor kurzem entdeckt hatte. Ich bildete mir ein, die Bulgaren dort wären in Wirklichkeit Türken. Doch dieses Mal waren die Bulgaren echt. Dafür entpuppten sich die Italiener aus dem italienischen Restaurant nebenan als Griechen. Nachdem sie den Laden übernommen hatten, waren sie zur Volkshochschule gegangen, um dort Italienisch zu lernen, erzählten sie mir. Der Gast erwartet in einem italienischen Restaurant, dass mit ihm wenigstens ein bisschen Italienisch gesprochen wird. Wenig später ging ich zu einem »Griechen«, mein Gefühl hatte mich nicht betrogen. Die Angestellten erwiesen sich als Araber.
Berlin ist eine geheimnisvolle Stadt. Nichts ist hier so, wie es zunächst scheint. In der Sushi-Bar auf der Oranienburger Straße stand ein Mädchen aus Burjatien hinter dem Tresen. Von ihr erfuhr ich, dass die meisten Sushi-Bars in Berlin in jüdischen Händen sind und nicht aus Japan, sondern aus Amerika kommen. Was nicht ungewöhnlich für die Gastronomie-Branche wäre. So wie man ja auch die billigsten Karottenkonserven von Aldi als handgeschnitzte Gascogne-Möhrchen anbietet: Nichts ist hier echt, jeder ist er selbst und gleichzeitig ein anderer.

Ich ließ aber nicht locker und untersuchte die Lage weiter. Von Tag zu Tag erfuhr ich mehr. Die Chinesen aus dem Imbiss gegenüber von meinem Haus sind Vietnamesen. Der Inder aus der Rykestraße ist in Wirklichkeit ein überzeugter Tunesier aus Karthago. Und der Chef der afroamerikanischen Kneipe mit lauter Voodoo-Zeug an den Wänden – ein Belgier. Selbst das letzte Bollwerk der Authentizität, die Zigarettenverkäufer

Jörg Immendorff: *Café Deutschland I, 1978*

aus Vietnam, sind nicht viel mehr als ein durch Fernsehserien und Polizeieinsätze entstandenes Klischee. Trotzdem wird es von den Beteiligten bedient, obwohl jeder Polizist weiß, dass die so genannten Vietnamesen mehrheitlich aus der Inneren Mongolei kommen.

Ich war von den Ergebnissen meiner Untersuchungen sehr überrascht und lief eifrig weiter durch die Stadt, auf der Suche nach der letzten unverfälschten Wahrheit. Vor allem beschäftigte mich die Frage, wer die so genannten Deutschen sind, die diese typisch einheimischen Läden mit Eisbein und Sauerkraut betreiben. Die kleinen gemütlichen Kneipen, die oft »Bei Olly« oder »Bei Scholly« oder ähnlich heißen, und wo das Bier immer nur die Hälfte kostet. Doch dort stieß ich auf eine Mauer des Schweigens. Mein Gefühl sagt mir, dass ich etwas Großem auf der Spur bin. Allein komme ich jedoch nicht weiter. Wenn jemand wirklich weiß, was sich hinter den schönen Fassaden einer »Deutschen« Kneipe verbirgt, der melde sich. Ich bin für jeden Tipp dankbar.

Schreibanregungen sammeln – Themen finden

Ideenfindung

Möglichkeit 1
Besorgen Sie sich ein Notizbuch. Notieren Sie mehrere Tage lang hintereinander Schreibanregungen aus Ihrem Umfeld. Das können z.B. sein: persönliche Erfahrungen in Ihrer Umgebung, Gedanken zu Medienbeiträgen etc. Halten Sie die Gedanken in Stichworten fest. Wählen Sie aus Ihren Notizen ein Thema aus, das sie besonders interessiert, und fertigen Sie dazu ein Cluster oder ein Brainstorming an. Wiederholen Sie die beiden Arbeitsschritte möglichst mehrmals. Stellen Sie fest, welche Themen immer wieder auftauchen. Wählen Sie ein solches Thema für einen selbst verfassten Text.

Möglichkeit 2
Fertigen Sie eine Liste von Themen oder Ereignissen aus Ihrem Umfeld an, die Sie besonders interessieren. Schreiben Sie solche Listen mehrfach. Filtern Sie die Themen bzw. die Ereignisse heraus, die Sie immer wieder ansprechen. Machen Sie einen dieser Punkte zum Thema Ihres nächsten selbstständig verfassten Textes.

- W. Kaminer thematisiert in seiner Kolumne multikulturelles Leben in Deutschland. Welche Intention verfolgt er, mit welchen inhaltlichen und sprachlichen Mitteln macht er diese deutlich?

- Suchen Sie in den Medien nach Beiträgen, die sich mit dem Thema multikulturelles Leben in Deutschland beschäftigen, vergleichen Sie die inhaltliche und sprachliche Gestaltung dieser Beiträge mit der Kolumne Kaminers.

- Welches aktuelle gesellschaftspolitische Thema/Problem in Ihrem Umfeld interessiert Sie besonders? Orientieren Sie sich bei der Themenfindung an den oben genannten Schreibanregungen. Schreiben Sie einen Text für Ihre Lokalzeitung. Orientieren Sie sich bei der Textform an der Vorlage von W. Kaminer.

Kulturmetropole Berlin

Hans Joachim Schädlich Ostwestberlin (1987)

Wo fängt der Qdamm an? Der Qdamm fängt mit 11 an Wo sind 1 bis 10? Im EuropaCenter der Eisverkäufer von Mövenpick Das weiß ich nich Wir gehörn zum Tauentzien Ich glaub der Qdamm fängt bei der Gedächtniskirche an Vielleicht ist die Gedächtniskirche so blasphemisch dass sie 1 bis 10 für sich alleine benutzt [...]

Herr Schott erschrickt sich an der Ecke Qdamm Joachimsthaler über den Fahrer der bei Gelb seine Yamaha hochreißt durchstartet auf dem Hinterrad vorbeischmettert atmet Peugeot Mercedes Mazda Audi Talbot BMW Honda Golf Volvo Ascona Nissan Jetta Austin Kadett Renault Kawasaki Scirocco Citroen Polo Taunus Toyota Doppelstock Saab VWBus Ferrari Rekord Lancia Corsa Fiat Lada Mitsubishi Käfer Skoda geht über die Joachimsthaler gesenkten Kopfes bis Wertheim hört Geigenspiel wirft eine Mark in den Geigenkasten liest Ich habe Hunger auf einem Pappschild in der rechten Hand legt eine Mark in die linke Hand des Mannes der auf einer Zeitung sitzt an einer Säule wartet am Straßenrand geht über die erste die zweite Fahrbahn geht an der Wiederherstellung des Filmtheaters GloriaPalast vorbei um die TschiboEcke neben Nanunana Wolsdorf Il pomodoro geht über Kant zum Hardenberg zum ZooPalast es ist 14 Uhr 25 die Große OstBerlinTour beginnt in fünf Minuten Herr Schott ist erstaunt über sein Tempo

Rechts die Preußische StaatsbibliothekStaatsbibliothek stand an Reichhaltigkeit nur hinter der Pariser und Londoner zurück steht hinter der Staatsbibliothek Preußischer Kulturbesitz zurück Haben Sie eine Sondergenehmigung? Qualität Effektivität Ich forsche dafür

Auf dem Mittelstreifen leichter zu erkennen als auf den Fahrbahnen Trabant Wartburg Trabant Wartburg Trabant Lada Trabant Wartburg Trabant Lada Skoda Trabant Wartburg Golf Trabant Wartburg Lada Skoda Trabant Wartburg Trabant Trabant Lada Wartburg Wartburg Trabant

Der Luftsprung über die Charlottenstraße Rechtslinks Bulgaria Meinhardts HotelDassowjetischeBuch   HotelCaféVictoriaHotelUnterdenLindenBauakademie Wohlstand ich schaffe dich mit CaféBauerLindencorso Friedrichstraße! Kiosk NOWOSTI Sowjetliteratur

- Erkunden Sie die Machart des Textes. Stellen Sie die jeweiligen Merkmale von West- und Ostberlin gegenüber.

- Machen Sie einen Stadtspaziergang. Halten Sie mehrfach inne und notieren Sie nach der Methode des automatischen Schreibens Ihre Eindrücke. Verfassen Sie in Anlehnung an Schädlich einen Text, der die verschiedenen Facetten Ihres Orts deutlich macht.

Kulturmetropole Berlin

 ## Wendeliteratur: Ostblicke – Westblicke

Cees Nooteboom **Berliner Notizen (1991)**

Bald gibt es keine Mauer mehr, bald ist es ein Land. Aber auch wenn die Mauer nicht mehr steht, in den Köpfen wird sie weiterexistieren, es wird lange dauern, bis die beiden Deutschland auch da ineinander gesickert sind, und das wird durch die Langsamkeit, in der das geschehen wird, viel weniger sichtbar sein als die äußeren Zeichen der Einheit: dieselben Geldscheine, Reklamen, Straßenschilder, Beschriftungen, Uniformen. Das Unsichtbare siedelt im Denken, im weggefallenen Schutz, den die Isolation auch geboten hat. Weigerung des Westens existiert genauso stark wie Abneigung des Ostens, wer in einem Jahr über Magdeburg auf der Autobahn nach Berlin fährt, wird in seinem geistigen System etwas Undeutbares bemerken, die Abwesenheit einer Grenze, ein Seufzer früherer Gedanken, er wird in ein Land fahren, das es nicht mehr und doch noch gibt, ein unsichtbarer Staat mit sichtbaren Einwohnern, eine Denkweise, die nicht mittels Erlass, sondern nur durch Verschleiß abgeschafft werden wird.

Reiner Kunze **Die mauer (1991)**

Zum 3. Oktober 1990

Als wir sie schleiften, ahnten wir nicht,
wie hoch sie ist
in uns

Wir hatten uns gewöhnt
an ihren horizont

Und an die windstille

In ihrem schatten warfen
alle keine schatten

Nun stehen wir entblößt
jeder entschuldigung

- Beide Texte thematisieren den Mauerfall. Welche Aspekte werden jeweils in den Vordergrund gestellt?

- Diskutieren Sie die unterschiedlichen sprachlichen Möglichkeiten von Gedicht und Sachtext, sich mit einem Thema auseinander zu setzen.

- C. Nooteboom beschreibt wie W. Kaminer (S.88) die politisch-gesellschaftlichen Entwicklungen in Deutschland aus der Perspektive eines Ausländers. Diskutieren Sie Möglichkeiten und Grenzen von Wahrnehmung und Beschreibung dieser Entwicklungen durch einen Blick von jenseits der Grenzen.

Kulturmetropole Berlin

Visualisierung von Arbeitsergebnissen mithilfe eines Informationsplakats

Präsentation

Ziel
Information über Arbeitsergebnisse

Aufbau des Plakats
- Angabe einer Überschrift: Thema des Plakats
- Gliederung durch Zwischenüberschriften (inhaltliche Schwerpunkte)
- Reduktion auf Kernaussagen
- Formulierung in Stichworten (möglichst Nominalstil)
- eigene Wortwahl (präziser Ausdruck)

Tipp: Inhaltliche Gliederung vor der Gestaltung des Plakats durchdenken!

Lay-out
- übersichtliche Gestaltung (Nutzung des vorhandenen Platzes)
- Einsatz von Farben zur Gliederung und Interpretation (nicht mehr als 3 Farben)
- Verwendung von Bildern und Symbolen zur Verdeutlichung des Inhalts
- Arbeit mit Spiegelstrichen bzw. -punkten
- Druckschrift und Arbeit mit Filzschreibern (Lesbarkeit)

Tipp: Einteilung der Plakatfläche vor Beginn der Arbeit!

Die Kriterien lassen sich auch auf die Anlage einer Folie übertragen.

○ Planen Sie in Ihrem Kurs ein Unterrichtsvorhaben zum Thema »Literatur der Wende«.
Gehen Sie folgendermaßen vor:
Lesen Sie die im Themenheft abgedruckten Texte und legen Sie gemeinsam mit Ihrem Kurslehrer / Ihrer Kurslehrerin Schwerpunkte des Unterrichtsvorhabens fest.
Bilden Sie Expertengruppen und recherchieren Sie Hintergrundinformationen zu den von Ihnen gewählten Schwerpunkten (z.B. 9. November 1989 – der Fall der Mauer, Probleme der Wiedervereinigung 1989 – 1992, die Arbeit der STASI, Aufgaben der Treuhand-Gesellschaft etc.).
Referieren Sie über Ihre Arbeit und stellen Sie Ihre Ergebnisse anhand von Informationsplakaten oder -folien dem Kurs vor.

Kulturmetropole Berlin

Helga Königsdorf **Der Geruch des Westens (1992)**

Neunzehnhunderteinundneunzig begann bei uns die Marktwirtschaft. Da war viel Ach und Weh im Land. Die einen wurden zur Kasse gebeten. Die anderen verdienten jede Menge. Niemand wollte mehr von der Revolution hören. Die das letzte Wort hatten, waren an den Ereignissen gar nicht beteiligt gewesen. Denn jetzt kam die Zeit der wirklichen Macher. Das Paradies der Dilettanten gehörte der Vergangenheit an. Den Leuten war der Spatz in der Hand noch immer lieber als alles Gerede. Und die gebratenen Tauben hatten unerschütterlich eine Vorliebe für die hohen Dächer. Wer nicht rechtzeitig vorgesorgt hatte, wurde arm wie eine Kirchenmaus. Und das hatte seinen Sinn. Wir mussten den Wert des Geldes schätzen lernen. Wir fühlten uns schlecht behandelt und hatten Wut und wussten nicht, wohin mit der Wut. Wer da sagte, es wäre vielleicht besser, wir hätten die aus dem Westen nicht, der hatte immer noch nicht begriffen, wie knapp wir daran vorbeigekommen waren, uns gegenseitig umzubringen. Der Westen roch gut, schmeckte gut und machte immer einen frisch gebügelten Eindruck. Sogar die Gesichter hatten etwas Gebügeltes. Ich brannte vor Neugier, wie es weitergehen sollte. Nie zuvor hatte ein derartig ordinärer Geruch nach billigem Parfüm über der Stadt gelegen. Und doch war kein Duft stark genug, um den faden Geruch der Angst zu überdecken, der sich immer mehr ausbreitete. Die Leute, die zur Arbeit fuhren, waren bemüht, einen kreditwürdigen Eindruck zu machen. Aber begegnete man einem von ihnen wenig später in den Anlagen, hatte er schon etwas Geducktes, etwas Sprungbereites. Die Notausgänge in den oberen Etagen der Hochhäuser wurden gesperrt, weil die Bewohner unten das Vorbeisausen der Körper nicht mehr ertrugen.

Die Hauptakteure kamen mit dem Flugzeug in die Stadt und wendeten mit Siegerblick die Köpfe hin und her, wodurch sie eine gewisse Ähnlichkeit mit verärgerten Gänserichen bekamen. Sie verachteten alles, was sie von uns sahen, so sehr, dass sie jede Spur tilgen wollten. Wenn man ihnen in die Augen blickte, was nicht einfach war, vermieden sie es, uns anzusehen; wenn man sie aber überrumpelte und sie dem Blick nicht mehr ausweichen konnten, verstand man sofort, dass sie die Verachtung brauchten, weil sie ihrem Job sonst nicht gewachsen wären. Ich merkte, wie sich in meiner Seele allmählich ein Bodensatz von unerlaubten Gefühlen ansammelte. Bei uns war Bravheit honoriert worden. Wir hätten ein Leistungssystem vorgezogen. Das versicherten wir jedenfalls einander. Bei den Neuen war Bravheit selbstverständlich. Das erschreckte uns ein bisschen. Wir hatten es nicht erwartet. Beim genaueren Hinsehen war Bravheit allein nicht ausreichend. Man musste perfekt funktionieren, Rädchen werden im Getriebe. Das war ein hoher Preis. Unser Räderwerk hatte dauernd geklemmt. Wir waren gezwungen gewesen, das Ganze im Auge zu behalten. Damit machte man sich bei den Neuen verdächtig. Wir gingen zwar nicht so weit, uns das Alte wieder zu wünschen. Das wäre Wahnwitz gewesen. Aber es fiel uns nicht leicht, so zu werden, wie man uns brauchte.

● Erarbeiten Sie, wie die Ich-Erzählerin die Wiedervereinigung erlebt und wie sie das Verhalten der beteiligten Personen beurteilt. Untersuchen Sie ihre Wortwahl zur Kennzeichnung der beiden Systeme und ihrer Vertreter.

Christa Wolf **Prinzip Hoffnung (1991)**

Genagelt
ans Kreuz Vergangenheit.

Jede Bewegung
Treibt
Die Nägel
Ins Fleisch.

Volker Braun **Das Eigentum (1990)**

Da bin ich noch: mein Land geht in den Westen.
KRIEG DEN HÜTTEN FRIEDE DEN PALÄSTEN[5].
Ich selber habe ihm den Tritt versetzt.
Es wirft sich weg und seine magre Zierde.
⁵ Dem Winter folgt der Sommer der Begierde.
Und ich kann *bleiben wo der Pfeffer wächst.*
Und unverständlich wird mein ganzer Text
Was ich niemals besaß wird mir entrissen.
Was ich nicht lebte, werd ich ewig missen.
¹⁰ Die Hoffnung lag im Weg wie eine Falle.
Mein Eigentum, jetzt habt ihrs auf der Kralle.
Wann sag ich wieder *mein* und meine alle.

Tomi Ungerer: *Bärendienst*

Günter Grass **Späte Sonnenblumen (1993)**

November schlug sie, schwarz in schwarz vor Hell.
Noch ragen Strünke, sind der Farben Spott
im Regen schräg und suchen sich Vergleiche,
auch Reime, etwa Gott und Leiche.

⁵ Noch immer tauglich, stehn sie mir Modell,
weil ausgesägt vor Himmeln, deren Grau
im Ausschnitt und total zerfließt,
drauf eine Meldung sich als Botschaft liest:

Geschieden sind wir Mann und Frau
¹⁰ nach kurzer Ehe Land und Leute.
Karg war die Ernte, reich die Beute.
Ach, Treuhand[6] hat uns abgeschöpft.
Wer bei Verdacht schon Sonnenblumen köpft,
dem werden Zeugen fehlen, den erwischt die Meute.

---

[5] Anspielung auf ein Zitat aus Georg Büchners (1813–1837) politischer Flugschrift »Der hessische Landbote« aus der Zeit des Vormärz. Dort heißt es: FRIEDE DEN HÜTTEN. KRIEG DEN PALÄSTEN!

Exposé

Unter einem Exposé versteht man eine knappe Zusammenfassung der Schwerpunkte einer Arbeit. Es wird zumeist vor der detaillierten Arbeit an einem Thema erstellt. Das Verfahren bietet sich z.B. bei der Abfassung einer Facharbeit an.
Das Exposé dient zur Information einer interessierten Öffentlichkeit über eine im Prozess begriffene Arbeit, aber auch zur eigenen Orientierung hinsichtlich des gesteckten Ziels und möglicher konzeptioneller Schwächen bzw. Denkfehler.

Ein Exposé sollte folgende Punkte umfassen:
- Thema
- zentrale Fragestellung (Womit beschäftige ich mich schwerpunktmäßig?)
- Motivation (Was interessiert mich an diesem Thema?)
- Erkenntnisinteresse (Was will ich persönlich lernen?)
- fremde Positionen (Wer hat sich mit diesem Thema bereits beschäftigt?)
- methodisches Vorgehen (Wie werde ich meine Arbeit aufbauen?)
- Zeitplan (Wie teile ich meine Zeit bei der Anfertigung der Arbeit ein?)

Es sollte sprachlich ausformuliert sein und nicht nur Stichpunkte enthalten.
In der Regel genügen 1-2 Seiten.

Für den eigenen Arbeitsprozess kann es hilfreich sein, ein Exposé an ausgewählte Personen vor der Weiterführung der Arbeit zu verteilen und sie um einen Kommentar zu dem Vorhaben zu bitten.

- Informieren Sie sich knapp über die Biografien der Autoren. Untersuchen Sie, welches Bild der Wiedervereinigung in ihren Gedichten jeweils zum Ausdruck kommt. Welcher Stilmittel bedienen sich die Autoren, um ihre Sicht deutlich zu machen?

- Vergleichen Sie die Texte von R. Kunze (S. 91) und G. Grass mit den Gedichten von C. Wolf und V. Braun. Lässt sich Ihrer Meinung nach eine West- bzw. Ostsicht der Wende unterscheiden?

- Untersuchen Sie die Haltung bekannter Persönlichkeiten des kulturellen Lebens zur Wende (z.B. Wolf Biermann, Bärbel Bohley, Günter Grass, Christoph Hein, Kurt Masur, Hans Joachim Schädlich, Christa Wolf). Berücksichtigen Sie sowohl ihre öffentliche Bedeutung in Ost und West während der Existenz zweier deutscher Staaten, ihre Haltung zur Stasi als auch ihre politische Haltung in der unmittelbaren Wendezeit. Stellen Sie Ihre Arbeit mithilfe eines Exposés den anderen Kursmitgliedern vor.

---

[6] staatliche Einrichtung, die u.a. zuständig war für die durch die Wende veränderten Eigentumsverhältnisse im Osten

Christoph Hein Wiedersehen mit ehemaligen Kollegen (2000)

Bernd Willenbrock erfährt nach der Wende, dass er zu DDR-Zeiten vom Kollegen Feuerbach denunziert worden ist. Beim Besuch einer Parteiveranstaltung trifft er neben anderen diesen Kollegen wieder.

»Ach, Berner hat mich angerufen. Wisst ihr noch, der Kollege Berner. Er hat lange mit mir telefoniert, er hatte mir so viel zu sagen.« Willenbrock schaute scheinbar verträumt die früheren Kollegen an. Er bemerkte, dass beide verlegen waren, und wartete.

»Jaja, der Berner«, sagte Geissler und warf einen missbilligenden Blick auf Feuerbach, »ich kann mir schon denken, was er dir zu berichten hatte. Mich hat er auch angerufen. Hat wilde Beschuldigungen gegen Willi und andere aus meiner Arbeitsgruppe geäußert. Unter uns, Bernd, auch über dich hat er sich nicht eben freundlich geäußert. Er schien mir paranoid zu sein, unter Verfolgungswahn zu leiden. Mein Gott, was hat er nicht alles gegen die Kollegen vorgebracht. Ich habe mit Willi gesprochen, wir haben ihn auch in unserer Parteigruppe dazu angehört. Er hat ganz gewiss Fehler gemacht, er war wohl allzu gutgläubig. Er war auch etwas zu leichtfertig, unser Willi, und hat ein bisschen viel geredet, aber ein tatsächliches Verschulden, eine Schuld war nicht festzustellen. Es kam nicht einmal zu einer Rüge.« Feuerbach war tiefrot geworden, während Geissler sprach. Er nestelte an seiner Brille, rückte sie immer wieder zurecht und riss dabei die Augen weit auf, als sei ihm ein Staubkorn hereingekommen. Willenbrock betrachtete ihn, es war ihm unangenehm, den verlegenen, sich geradezu windenden Mann vor sich zu sehen. Er bedauerte jetzt, Berners Anruf angesprochen zu haben, er bedauerte, überhaupt hierher gekommen zu sein. Er sah Feuerbachs Blick unruhig über den Tisch wandern, ohne einen Ruhepunkt zu finden, und hatte das Gefühl, einer obszönen Entblößung beizuwohnen. Er bemerkte, dass Geisler ihn erwartungsvoll ansah und sagte: »[...] Irgendjemand hat über mich ein paar Dinge ausgeplaudert, und das war für mich das Ende der Fahnenstange. Was das bedeutete, weißt du selbst. Ein paar Kollegen konnten reisen, hatten Kontakt, kannten die neuesten Entwicklungen, waren informiert, und ich konnte glücklich sein, wenn ich mal in eine westliche Fachzeitschrift blicken durfte.«

»Das war ja unser Kreuz. Darunter haben wir alle gelitten.«

»Einige mehr, andere weniger. Frieder. Und Berner sagte mir, einen ganz speziellen Anteil an diesem Kreuz verdanke ich dem Kollegen Feuerbach.«

Geissler atmete tief durch, wandte sich an Feuerbach und forderte ihn auf, sich zu äußern: »Wir reden von dir, Willi. Hast du nichts zu sagen?«

Feuerbach sah gequält auf: »Ich bin es müde.«

Er schloss für Sekunden die Augen, die beiden anderen Männer warteten schweigend, dann sagte Feuerbach ohne aufzusehen: »Berner hat Recht. Ich muss mich bei dir entschuldigen, Bernd. Inzwischen habe ich erfahren, dass man dir tatsächlich die Londonreise wegen meiner Beurteilung gestrichen hatte. Das war nicht meine Absicht, das musst du mir glauben. Ich war Gewerkschaftsvertrauensmann der Gruppe, das weißt du, und ich hatte jedes Jahr einmal alle Kollegen zu beurteilen. Das gehörte zu meinen Aufgaben, das wussten alle, auch du. Vielleicht war ich leichtsinnig, und sicher habe ich nicht alles erwogen und zu Ende gedacht. Aber ich wollte nie einen Kollegen anschwärzen. Dass man meine Beurteilungen missbrauchte, dafür kann ich nichts.« Er sah ihm jetzt tief in die Augen und hielt dem Blick stand, bis Willenbrock ihn fragte: »Wollen wir so tun, als sei nichts gewesen?«

Er sah Feuerbach herausfordernd an und versuchte zu grinsen, aber ihm war unbehaglich. Armes Schwein, dachte er, was willst du denn sagen, was kannst du noch sagen, man hat dich erwischt, und nun windest du dich, mir ist die ganze Geschichte genauso fatal, sag also lieber gar nichts, ich will keine Erklärungen hören, keine Ausflüchte, du hast voll in die Scheiße gegriffen und dich bekleckert, mein lieber Doktor Feuerbach, man hat dich erwischt, und nun stehst du bedrippt da wie ein kleiner Ladendieb, nun entschuldige dich bloß nicht, ich will keine Entschuldigungen hören, und außerdem will ich dich überhaupt nicht entschuldigen, tut mir Leid, aber da ist nichts mehr zu reparieren, ich habe nicht vor, dir zu verzeihen, so läuft nun einmal das Leben, und wenn du jetzt den Zerknirschten spielen und mich mit diesem hündischen Blick um Vergebung bitten willst, ich schwöre dir, ich stehe im gleichen Moment auf und lasse euch zwei Helden hier sitzen, dann könnt ihr beiden gleich noch eine Parteiversammlung veranstalten, sag also nichts, sag bitte nichts, und vor allem nicht: entschuldige bitte und so, es tut mir Leid, aber da ist nichts zurückzudrehen, und ich werde auch nichts vergessen, es ist am besten, wenn wir zwei uns für den Rest des Lebens aus dem Weg gehen, und ich hätte vor einer Stunde damit anfangen sollen und den Raum gleich verlassen müssen, als ich dich da vorne erblickte, und nun schau nicht wie ein geprügelter Hund, mir wird ja kotzübel, wenn ich dich ansehe, leugne lieber, streite alles ab, lüge drauflos, mir ist es egal, ich traue dir so und so nicht, du bist ein kleines Arschloch, und das warst du schon damals, ich habe dich und Berner nie leiden können, und das ist jetzt nur eine Kerbe mehr in deinem krummen Holz, mein Liebling, ich werde dich vergessen, ich werde gleich aufstehen und die Kneipe verlassen und dich vergessen, ich habe dich bereits vergessen, Herr Doktor Feuerbach, und alles was ich jetzt noch will, ist ein eleganter Abgang, ich werde jetzt aufstehen und irgendetwas sagen, aber ganz gewiss nicht auf Wiedersehen, denn das möchte ich mir nicht antun, und dann werde ich die Theke ansteuern, um mein Bier zu bezahlen, denn von euch beiden werde ich mich nicht einladen lassen, da würde mir das Bierchen noch im Magen sauer werden, und nun gib mir eine Chance, nein, gib uns allen die Chance, dass ich hier ohne weitere Erklärungen von dir einen Abgang machen kann, entschuldige dich jetzt bloß nicht, tue mir diesen einen Gefallen, mein ganz spezieller Ohrenbläser, bitte mich bloß nicht um Verzeihung, darauf scheiße ich nämlich.

Willenbrock trank sein Bier aus, stellte das leere Glas vor sich ab, schob es zur Tischmitte, winkte nach dem Kellner und sagte: »Es war nett, euch zu treffen und von den alten Zeiten zu plaudern. Aber jetzt bin ich in Eile, ich muss gehen.«

- Informieren Sie sich über die Aufgabe der Stasi in der ehemaligen DDR.
- Erarbeiten Sie, wie Feuerbach und Willenbrock mit der Klärung der Vergangenheit nach der Wende umgehen. Diskutieren Sie ihr Verhalten.
- Welche Stilmittel wählt der Autor, um die jeweilige psychische Verfassung der Personen deutlich zu machen?

Ruth Reiher / Antje Baumann »Wendedeutsch« (2000)

Ein gutes Jahrzehnt ist vergangen, seit im Herbst 1989 auf den Straßen von Berlin, Leipzig, Magdeburg, Rostock, Erfurt und anderswo Losungen zu lesen waren wie *Wir sind das Volk. Das Volk sind wir – und wir sind Millionen* oder auch *Ein Vorschlag für den 1. Mai: Die Führung zieht am Volk vorbei.* Es war die äußerst kurze Zeit »revolutionärer Erneuerung«, die »die sozialistische Gesellschaft vom Kopf auf die Füße« stellen sollte, wie Christa Wolf am 4. November 1989 auf dem Berliner Alexanderplatz erklärte. Diese »revolutionäre Bewegung« war auch mit einer Befreiung der Sprache verbunden. »Was bisher so schwer auszusprechen war, geht uns auf einmal frei von den Lippen.« Allein ein Blick auf die Demo-Sprüche dieser Zeit offenbart eine Kreativität im Umgang mit Sprache, wie sie in so komprimierter Form nur selten zu finden ist, er zeigt, wie der »sprachschöpferische Volksgeist« in spielerischer Art und Weise mit den Mitteln und Möglichkeiten der deutschen Sprache umgeht. Metaphern wie *Die Straße ist die Tribüne des Volkes, Macht aus der DDR keinen Platz des Himmlischen Friedens*[7] oder *Visafrei bis Hawaii* werden wieder und wieder produziert. DDR-typische Losungen werden parodiert, indem sie durch neue Inhalte substituiert werden. Allein durch den Ersatz von »Sowjets« durch »Volk« wird aus dem von der Oktoberrevolution her bekannten Slogan *Alle Macht den Sowjets* die aktuelle politische Forderung *Alle Macht dem Volk*. Die offizielle Losung »So wie wir heute arbeiten, werden wir morgen leben« wird zur konkreten Handlungsanweisung: *So wie wir heute demonstrieren, werden wir morgen leben*. Tradierte Sprichwörter werden abgewandelt und erhalten dadurch einen politisch aktuellen Bezug. So wird aus »Was Hänschen nicht lernt, lernt Hans nimmermehr« *Was Krenzchen nicht lernt, lernt Krenz nimmermehr*. Überhaupt lässt sich mit dem Namen »Krenz«[8] allein durch den Ersatz einzelner Buchstaben sehr kreativ spielen: *Wir lassen uns nicht einKRENZen*. [...] Darüber hinaus gibt es eine ganze Gruppe von Wörtern und Wendungen, die in der kurzen Phase der Wendezeit kreiert wurden. Bei diesen als »Wendewortschatz« in die Sprachgeschichtsschreibung eingegangenen Bildungen handelt es sich kaum um sprachliche Neuschöpfungen, sondern vornehmlich um neue Bedeutungskomponenten bereits vorhandener Wörter. Dazu gehört zunächst das Wort »Wende« selbst, das vielleicht wirklich auf die Rede von Egon Krenz am 18. Oktober 1989 zurückgeht, aber seitdem durch seine Ambivalenz stets umstritten war. Wie hätte Christa Wolf sonst in ihrer Ansprache auf dem Alexanderplatz am 4. November 1989 ihre »Schwierigkeiten« mit dem Wort »Wende« mit oder ohne Anführungszeichen als relativ neutrale Beschreibung der gesellschaftlichen Veränderungen am Ende der 80er Jahre in Deutschland und Osteuropa im Alltagssprachgebrauch behauptet. Oder denken wir an »Wendehals« und »Mauerspecht«. Während beim Ersteren – in durchaus kritischer Sicht – die anatomische Beweglichkeit dieses Vogels auf die überaus schnelle Anpassung übertragen wird, stehen hinter dem umgangssprachlichen »Mauerspecht« all jene, die Stücke aus der Berliner Mauer als Souvenir herausbrachen. [...]

---

[7] Am 4. 06. 1989 wurden in Peking auf dem Platz des Himmlischen Friedens Studentenunruhen als Teil der Bürgerrechtsbewegung vom Militär blutig niedergeschlagen

[8] Egon Krenz: letzter Staatsratsvorsitzender der DDR

Auf die euphorische und sprachlich äußerst kreative Aufbruchsstimmung innerhalb des kontrovers geführten DDR-Diskurses folgen die Mühen der Ebene und der Wechsel vom Hochpolitischen zu den Problemen der Sprache des Alltags. Diese Phase gebar den »Ossi« und den »Wessi« und als metaphorische Zuspitzung den »Jammerossi« und den »Besserwessi«. Zwar gab es den »Wessi« schon als Westberliner Benennung für die Westdeutschen auch schon vorher. Aber die Parallelbildung »Ossi« und die damit verbundene Bedeutungserweiterung von »Wessi« auf alle westlich sozialisierten Bundesbürger gehören – genauso wie der »Wossi« als ein im Osten lebender Westdeutscher – in diese Zeit. Es sind Bezeichnungen, die in ihrer Aussagekraft nicht hinter den kreativen Formulierungen der ersten Phase der Wendezeit zurückbleiben, die aber die gegenseitige Verletzbarkeit der unvorbereitet aufeinander treffenden Gesprächspartner aus Ost und West dokumentieren.

Sachtexte lesen und erfassen

Häufig besteht das Interesse des Lesers, sich einen ersten Überblick über einen Text zu verschaffen. Um einen ersten Eindruck über Thema und Intention eines Textes zu gewinnen, genügt es deshalb meist, ihn zunächst zu überfliegen und auf seine Tauglichkeit für die eigenen Interessen zu prüfen. Entsprechend konzentriert man sich auf den Anfang, mögliche Zwischenüberschriften, bestimmte Schlüsselwörter und das Ende. Diese Vorgehen bewährt sich insbesondere beim Umgang mit längeren Sachtexten.
In einem zweiten Schritt erfolgt der genaue Leseprozess. Beim Durchlesen werden – möglichst mit Textmarkern – wichtige Textstellen bzw. Schlüsselwörter markiert. Durch die Verwendung unterschiedlicher Farben können Zusammenhänge (z.B. Ober- und Unterbegriffe) sowie verschiedene Textbereiche (z.B. Faktenaufzählung, Wertung) gekennzeichnet werden. Die Markierungen sollten sparsam erfolgen (nur einzelne Wörter oder Wortgruppen, nicht ganze Abschnitte). Nur so kann die Bedeutung des Markierten hervorgehoben werden. Am besten legt man für die einzelnen Farben eine Legende an, um die Bedeutungszuweisung auch zu einem späteren Zeitpunkt nachvollziehen zu können. Die Markierungen sollten durch Anmerkungen am Rand des Textes ergänzt werden. Hierfür eignen sich sowohl bestimmte Symbole wie Pfeile, Ausrufezeichen, Fragezeichen etc. als auch Nummerierungen, die die Gedanken in eine bestimmte Reihenfolge bringen. Darüber hinaus erleichtern Schlüsselwörter oder kurze Überschriften am Rand das Textverständnis.
Im Anschluss an das genaue Lesen sollten die zentralen Gedanken des Textes schriftlich fest gehalten werden. Dazu eignen sich folgende Verfahren:
– paraphrasierende Zusammenfassung der zentralen Gedanken im Fließtext;
– thesenartige Formulierung in einem linear gegliederten Text;
– Stichworte in einer Mind-Map (s. S. 119).

Informationserschließung

● Erarbeiten Sie die zentralen Merkmale des »Wendedeutsch«. Nutzen Sie bei Ihrer Textarbeit die oben beschriebenen methodischen Anregungen.

Kulturmetropole Berlin

Ingo Schulze **Simple Stories (1998)**

Ingo Schulze erzählt in 29 Geschichten Alltagsbegebenheiten aus der ostdeutschen Provinz kurz nach der Wende. Das Ehepaar Barbara und Frank Holitzschek – sie Neurologin, er lokaler Politiker – kehren nach Mitternacht aus dem Ratskeller zurück. Barbara ist im Badezimmer.

»Barbara?« Seine Finger trippeln auf dem Türrahmen. »Alles okay?«

Er fährt zurück, als sie aufschließt, wartet und öffnet dann selbst. »Darf ich?«

Sie steht im Hemd vor dem Spiegel und tupft mit einem Wattepad über die linke Augenbraue. Ihr Rock liegt auf dem Klodeckel, Bluse und Strumpfhose davor auf den Fliesen. Sie presst die Watte auf eine Flasche, dreht diese kurz um und wendet ihren Kopf zur anderen Seite. Als sie den Arm hebt, sieht er die verklebten Härchen ihrer Achselhöhle.

»Babs«, sagt er und küsst sie aufs Haar. »Tut's noch weh?« Im Spiegel hat ihr Gesicht einen anderen Ausdruck. Er schiebt ihren Pferdeschwanz zur Seite und küsst sie auf den Nacken. Seine Fingerspitzen berühren ihre Schulterblätter. »Es tut mir so Leid«, sagt er und schließt die Augen. »Es muss dir nicht Leid tun«, sagt sie. »Trotzdem,« sagt er und legt die Hände um ihren Bauch. »Ich hätte eher schalten müssen, viel eher. Aber das konnte ja keiner ahnen!« »Frank«, sagt sie. Er fährt unter ihr Hemd. Er schiebt es schnell höher und betrachtet im Spiegel seine Finger auf ihren Brüsten. Barbara versucht, ihren Lidschatten abzuwischen. »Das konnte keiner ahnen«, sagt sie. An der Augenbraue hängt Watte. Sie sagt: »Wie sollte man das ahnen.«

Er küsst ihre Schulter.

Sie dreht den linken Arm und betrachtet ihren aufgeschrammten Ellbogen. »Findest du auch, dass ich handlich bin, Frank? Bin ich handlich?«

»Quatsch«, sagt er.

»Ich frag nur. Kleine Frauen sind doch handlich, oder? Sags mir. Bin ich handlich?« Er lässt sie los. Barbara streift mit einer Hand ihr Hemd herunter.

»Wie sollte man das ahnen!«, wiederholt sie, sammelt die Watte auf dem Beckenrand zusammen und tritt auf das Pedal des kleinen Abfalleimers. Ein Klümpchen fällt daneben. Frank bückt sich danach. Er spuckt seinen Kaugummi in die Hand, drückt ihn in die feuchte Watte und wirft beides in den Eimer. »Vierzehn-, fünfzehnjährige Schulkinder«, sagt er und richtet sich auf. »Dreimal sitzen geblieben, arme Schweine, jeder für sich genommen.«

»Keiner von euch hat sich gerührt, Frank, als sie damit anfingen. Keiner.« Sie dreht den Wasserhahn auf und hält den angewinkelten Arm darunter.

»Das soll man nicht machen. Das reinigt sich von selbst.«

»Fünf Männer«, sagt sie. »Von fünf Männern bekommt keiner den Arsch hoch. Weißt du, was mich wundert?«

»Okay«, sagt er. »Das ist *deine* Sicht. Aber *ich* glaube, dass es richtig war.«

»Weißt du, was mich wundert? Dass ihr nicht die Kellnerin beauftragt habt...«

»Die wollten provozieren, nichts als provozieren.«

»Na Gott sei Dank sind wir nicht drauf reingefallen, Frank, ganz prima gemacht.

[...] Eine halbe Stunde lang haben sie ihre Parolen verkündet. Und ihr saßt da...«

»Und du hast dich volllaufen lassen...«

»Ihr habt dagesessen in euren bayrischen Trachten und habt Kaugummi gekatscht. Und als Hanni gesagt hat, dass sie hier nicht länger bleiben will, habt ihr gesagt, ist gut, und wolltet zahlen.«

»Nach zehn Minuten war die Polizei da und hat sie rausgesetzt. Vielleicht wars ne Viertelstunde...« Er zieht ihr Handtuch auf der Trockenstange straff.

»Und draußen haben sie auf uns gewartet.«

»Denkst du, die hätten auf mich gehört? Wenn ich sie eigenhändig rausgeschmissen hätte, dann wäre das natürlich nicht passiert. Ist das deine Logik? Soll ich mich in Nahkampf ausbilden lassen?« Sie wäscht sich das Gesicht.

Er sagt: »Nicht jeder Kindskopf, der sich wichtig macht, ist ein Nazi! Willst du sie alle in den Knast stecken?«

»Was sagst du?«

»Tu nicht so«, sagt er.

»Frank«, sagt sie. Ihre Hände umfassen den Waschbeckenrand. Von Kinn und Nasenspitze tropft Wasser. »Ich habe immer noch Achtung vor dir...«

»Und? Was hätte ich tun sollen? Kannst du mir das sagen?«

»Weißt du, wie sie deine Frau genannt haben? Hast du weggehört, als sie mir gesagt haben, wie sie mich behandeln wollen, Frank, deine handliche Frau behandeln?«

»Hör auf, Babs...«

»Ich hab mir nur die Highlights gemerkt.«

»Schrei doch nicht so! Ich habs ja auch gehört.«

»Dann ist ja gut. Wenn dus auch gehört hast... Ich dachte eben nur, du hättest es nicht gehört. Mir war so. Hab mich wieder mal getäuscht. Bitte entschuldige meine Ungerechtigkeit.«

Jörg Immendorff: *Brandenburger Tor*

»Soll ich mich rumprügeln?« Frank tritt ein Stück zurück. »Zwei von denen hätte ich vielleicht geschafft, vielleicht drei. Aber das waren zehn oder mehr. Die hätten mich zusammengeschlagen, und dann...«

»Dann?«, fragt sie, das nasse Gesicht über dem Becken. Sie tastet nach dem Handtuch. »Sprich weiter, Frank. Dich zusammengeschlagen, und dann? Was dann?«

»Willst du das? Dass sie mich zusammenschlagen?« Er lehnt sich an die Wand und verschränkt die Arme. Ihr Schlüpfer ist ein Stück nach unten gerutscht.

»Dafür sind wir gerannt wie die Hasen, Frank. Wie die Hasen. Und als ich hinflog, hast du sogar gewartet. Dafür habe ich mich noch gar nicht bedankt. Ich bin wirklich ungerecht. Du hast ja auf mich gewartet, ein paar Schritte weiter, und mir Ratschläge erteilt!« Sie hängt das Handtuch wieder über die Halterung. »Hast du dich noch nie geprügelt, Frank? Nach einer Woche wärst du wieder aus dem Krankenhaus heraus, spätestens. Ich hätte dich jeden Tag besucht und sogar bekocht. Weißt du, was du bist?«

»Du bist bescheuert«, sagt er und sieht an ihren Beinen herab. »Ich muss ja nur vor die Tür gehen. Da kann ich das alles noch nachholen.«

»Genau«, sagt sie, löst den Pferdeschwanz und beginnt, den Kopf zur Seite geneigt, ihr Haar zu bürsten. »Darum wollte ich dich bitten. Wenigstens meinen Schuh kannst du mir holen. Das sind nur ein paar Riemchen, aber die haben immerhin zweihundert Mark gekostet.«

»Babs«, sagt er.

»Ja? Ich hör dir zu, Frank.«

»Denkst du, ich fühl mich wohl?«

»Nein, das denke ich nicht. Wie kommst du darauf?«

»Wie komme ich wohl darauf!«

Er verfolgt im Spiegel, wie sie die Haare aus der Bürste entfernt. »Du kannst ja von mir denken, was du willst«, sagt er und steckt die Hände in die Hosentaschen. »Wir hätten ein Taxi nehmen sollen. Aber sonst?«

»Eure schöne Demokratie geht nicht an denen zugrunde. An denen nicht.«

»Eure Demokratie! Sehr originell, Babs! Das kann ich jeden Tag zum Frühstück lesen. Es kotzt mich an!«

»He, ich bin nicht schwerhörig.« Sie öffnet die flache ovale Dose mit dem Lidschatten.

- Klären Sie, welcher Vorfall dem Gespräch vorausgegangen ist und stellen Sie die Position der beiden Gesprächspartner zu dem Geschehen dar. Untersuchen Sie die Erzählhaltung im Hinblick auf eine Bewertung des Verhaltens während des Vorfalls und im folgenden Gespräch.

- Stellen Sie sich vor, jeder der Gesprächspartner reflektiert das Geschehen sowie das Verhalten des anderen an diesem Abend nach dem Gespräch noch einmal. Schreiben Sie aus der Sicht eines der Gesprächspartners einen inneren Monolog, in dem Sie die Position des jeweils anderen mitdenken.

- Diskutieren Sie die Positionen im Kurs.

Kulturbetrieb und Medienöffentlichkeit heute

Christian Kracht **Faserland (1995)**

Der Ich-Erzähler macht eine Reise quer durch Deutschland, von Sylt bis zum Bodensee. Er erzählt von Mädchen, Parties, Bar-Besuchen...

Also, es fängt damit an, dass ich bei Fisch-Gosch in List auf Sylt stehe und ein Jever aus der Flasche trinke. Fisch-Gosch, das ist eine Fischbude, die deswegen so berühmt ist, weil sie die nördlichste Fischbude Deutschlands ist. Am obersten Zipfel von Sylt steht sie, direkt am Meer, und man denkt, da käme jetzt eine Grenze, aber in Wirklichkeit ist da bloß eine Fischbude.

Also, ich stehe da bei Gosch und trinke ein Jever. Weil es ein bisschen kalt ist und Westwind weht, trage ich eine Barbourjacke mit Innenfutter. Ich esse inzwischen die zweite Portion Scampis mit Knoblauchsoße, obwohl mir nach der ersten schon schlecht war. Der Himmel ist blau. Ab und zu schiebt sich eine dicke Wolke vor die Sonne. Vorhin hab ich Karin wiedergetroffen. Wir kennen uns noch aus Salem, obwohl wir damals nicht miteinander geredet haben, und ich hab sie ein paar Mal im Traxx in Hamburg gesehen und im P1 in München. Karin sieht eigentlich ganz gut aus, mit ihrem blonden Pagenkopf. Bisschen zuviel Gold an den Fingern für meinen Geschmack. Obwohl, so wie sie lacht, wie sie das Haar aus dem Nacken wirft und sich leicht nach hinten lehnt, ist sie sicher gut im Bett. Außerdem hat sie mindestens schon zwei Gläser Chablis getrunken. Karin studiert BWL in München. Das erzählt sie wenigstens. Genau kann man sowas ja nicht wissen. Sie trägt auch eine Barbourjacke, allerdings eine blaue. Eben, als wir über Barbourjacken sprachen, hat sie gesagt, sie wolle sich keine grüne kaufen, weil die Blauen schöner aussehen, wenn sie abgewetzt sind. Das glaube ich aber nicht. Meine grüne Barbour gefällt mir besser. Abgewetzte Barbourjacken, das führt zu nichts. Das erkläre ich später, was ich damit meine. Karin ist mit dem dunkelblauen S-Klasse-Mercedes ihres Bruders hier, der in Frankfurt Warentermingeschäfte macht. Sie erzählt, dass der Mercedes ganz gut ist, weil der wahnsinnig schnell fährt und ein Telefon hat. Ich sage ihr, dass ich Mercedes aus Prinzip nicht gut finde. Dann sagt sie, dass es sicher heute Abend regnen wird und ich sage ihr: Nein, ganz bestimmt nicht. Ich stochere mit der Gabel in den Scampis herum. Ich mag die nicht mehr aufessen. Karin hat ziemlich blaue Augen. Ob das gefärbte Kontaktlinsen sind?

Jetzt erzählt sie von Gaultier und dass der nichts mehr auf die Reihe kriegt, designmäßig, und dass sie Christian Lacroix viel besser findet, weil der so unglaubliche Farben verwendet oder so ähnlich. Ich hör nicht genau zu.

Andauernd ruft jemand von Gosch über das Mikrophon irgendwelche bestellten Muschelgerichte aus, und das lenkt mich immer wieder ab, weil ich mir vorstelle, dass eine der Muscheln verseucht ist und heute Nacht irgendein chablistrinkender Prolet ganz schlimme Bauchschmerzen kriegt und ins Krankenhaus gebracht werden muss mit Verdacht auf Salmonellen oder irgendsowas. Ich muss grinsen, wie ich mir das vorstelle, und Karin denkt, ich grinse über den Witz, den sie gerade erzählt hat und grinst zurück, obwohl ich, wie gesagt, gar nicht zugehört hab.

Florian Illies **Generation Golf (2000)**

Der Kauf bestimmter Kleidungsgegenstände ist, wie früher die Lektüre eines bestimmten Schriftstellers, eine Form der Weltanschauung geworden. In dem, was ich kaufe, drückt sich aus, was ich denke, beziehungsweise: In dem, was ich kaufe, drückt sich aus, was die Leute denken sollen, was ich kaufe. Deswegen ist es auch
5 üblich, die schönen Joop!-Tüten noch wochenlang zum Transportieren von ausgeliehenen Büchern aus der Unibibliothek oder beim Umzug zu benutzen, wenn möglichst viele Umzugshelfer sehen, welch Geistes Kind wir sind. Es ist wahnsinnig, aber wir glauben das wirklich: dass wir mit den richtigen Marken unsere Klasse demonstrieren. Wichtig ist, schon beim Einkaufen Coolness zu zeigen. Sehr dankbar waren
10 wir über die Einführung der Kreditkarte, die uns ermöglichte, jederzeit mehr zu kaufen, als wir eigentlich bezahlen konnten. Dennoch zitierten wir im Geiste American Express, sagten: »Bezahlen wir einfach mit unserem guten Namen«, und meinten es tatsächlich ein bisschen ernst. Auch sah ich viele junge Frauen in teuren Boutiquen ihre Plastikkarte auf den Tresen knallen, weil sie wussten, wie gut es aussieht, wenn
15 die Frau in dem Werbespot die Visakarte aus ihrem schwarzen Badeanzug zieht, auf den Tisch knallt, und dazu spielt die Musik »Die Freiheit nehm' ich mir.« Die Freiheit nehm' ich mir – das ist als Spruch für unsere Generation mindestens genauso wichtig wie das »Weil ich es mir wert bin«, mit dem Oliver Bierhoff sein Shampoo anpreist. Hauptsache, so sagen diese Sprüche, mir geht es gut. Oder auch. Wenn jeder
20 an sich denkt, ist an alle gedacht. Und wenn es mir schlecht geht, muss ich mir selber helfen, schließlich bildet inzwischen jeder, wie die *Brigitte* schrieb, eine Ich-AG. Selbst in Judith Hermanns Erzählungsband *Sommerhaus, später*, dessen Gestalten aus der Berliner Bohème eigentlich so gar nichts gemein haben mit den Generationsgenossen, die in Heidelberg und Bonn Jura studieren, wird deutlich, dass das
25 Kreisen um sich selbst unsere wichtigste Antriebsfeder ist. Nur eine einzige Gestalt in dem Buch kann von sich sagen: »Im Grunde interessiere ich mich nicht für mich selbst.« Er wird deshalb auch von niemandem verstanden und muss zum Therapeuten. Wir alle glauben, dass kein anderer uns je wirklich verstehen kann. Und wir uns deshalb um so mehr um unser eigenes Seelenheil kümmern müssen. Um die Minen-
30 opfer in der dritten Welt kümmerte sich ja Lady Diana, und die Obdachlosen versorgt die Caritas. Die AG Hochschulforschung nennt es dann so: »Westdeutsche Studierende sind gegenüber sozialer Ungerechtigkeit unsensibler geworden. Konkurrenz ist ihnen wichtiger, Solidarität nahezu ein Fremdwort geworden.«

Zwar ist auch die Toleranz ein Wert, den wir hoch schätzen. Schließlich haben wir
35 seit unserer frühesten Jugend auf den Plakaten für United Colors of Benetton gelernt, dass Schwarze und Chinesen auch nette Menschen sind. Das Problem ist nur, dass wir seitdem auch glauben, dass Schwarze und Chinesen nur dann nett sind, wenn sie Benetton-Klamotten tragen. Ansonsten sind sie uns leider egal. Die Toleranz unserer Generation grenzt deshalb oft an Ignoranz. Man akzeptiert etwas nicht, weil man
40 noch Sprüche von Rosa Luxemburg kennt, wonach Freiheit immer auch die Freiheit des Andersdenkenden ist. Man hat vielmehr so viel mit sich selbst zu tun, dass man keine Energie darauf verschwenden möchte, sich über den Lebenswandel anderer Leute zu empören. Und bevor die Empörung kommen könnte, haben wir immer

noch die weiten Arme der Ironie. Wenn man alles in Gänsefüßchen denkt, ist alles akzeptabel. So wird dann Verona Feldbusch zum Kult, gerade weil sie nicht moderieren kann, und wird dann Guildo Horn Sieger des deutschen Grand Prix d'Eurovision, gerade weil er so albern aussieht. Zu lange haben wir erlebt, dass die Älteren irgendwelche Personen oder Meinungen aus bestimmten Gründen ablehnten. Deshalb bilden wir uns nun sehr viel ein auf unsere Geisteshaltung, Personen oder Meinungen ohne irgendwelche Gründe gut zu finden. Ernst nimmt man sie deshalb noch lange nicht. Ernst nehmen wir nur Menschen, die gut angezogen sind oder so schlau sind, dass es nichts macht, wenn sie graue Flanellhosen zu gelben Hemden tragen. Aber solche Menschen, so glauben wir bis heute, wohnen immer noch in riesigen gläsernen Kugeln, und wenn sie etwas in ihr Mikrophon sagen wollen, müssen sie erst den riesigen roten Knopf drücken. So jedenfalls hatten wir das beim *Großen Preis* gelernt.

Benjamin von Stuckrad-Barre (Mi. stehend) und Autoren des »popkulturellen Quintetts«.

- Christian Kracht gehört neben Benjamin von Stuckrad-Barre zu Vertretern der so genannten neuen deutschen Pop-Literatur. Stellen Sie in Kurzreferaten (s. S. 120) ausgewählte Texte der Popliteraten vor und suchen Sie nach gemeinsamen Merkmalen (Themen, Charakterisierung der Protagonisten, Handlungsablauf, Umgang mit Raum und Zeit, sprachliche Besonderheiten...).

- Vergleichen Sie die Selbstdarstellung und das Lebensgefühl des Ich-Erzählers in C. Krachts Text »Faserland« mit der Beschreibung der Verhaltens- und Denkweisen der »Generation Golf« in dem Textauszug von F. Illies.

- Suchen Sie nach Erklärungen, warum die Texte von C. Kracht und F. Illies von einigen Lesergruppen als »Kulttexte« verstanden werden.

- Beobachten Sie Ihr gesellschaftliches Umfeld: Welche Verhaltens- und Denkweisen sind hier bestimmend? Verfassen Sie in Anlehnung an F. Illies einen Paralleltext über besondere Merkmale Ihrer Generation.

Gustav Seibt Aussortieren, was falsch ist (2000)
Wo wenig Klasse ist, da ist viel Generation: Eine Jugend erfindet sich

Im Herbst 1999 trat weniger zum Abschluss des Jahrtausends als des Jahrzehnts eine Gruppe von Schriftstellern und Journalisten auf, um sich zu Sprechern der unter Willy Brandt geborenen Kinder zu machen, der heute Dreißigjährigen. *Tristesse Royale*, so der Titel des Manifests der »Popliteraten« Christian Kracht, Benjamin von Stuckrad-Barre und anderer, wollte die »gemeinsame Kultur« dieser Altersklasse nicht so sehr beschreiben als durch ein Geschmacksdiktat festlegen – »alles aussortieren, was falsch war«. Das soeben erschienene Büchlein *Generation Golf* des Berliner Journalisten Florian Illies ist eine menschenfreundliche Volksausgabe dieses Unternehmens, eher deskriptiv als normativ, weit weniger zynisch und elitär. *Tristesse Royale* und *Generation Golf* systematisieren Lebensgefühle und Haltungen, die seit 1995 in zwei äußerst erfolgreichen Romanen unter die vorwiegend jungen Leser gebracht wurden, in Christian Krachts *Faserland* und Stuckrad-Barres *Soloalbum*. Der Erfolg dieser Bücher allein beweist schon, dass hier ein Nerv getroffen wurde. Die »Generation Berlin« war ein presseinternes, politisch motiviertes Wunschbild, extra entworfen für den Regierungsumzug; die »Generation Golf« ist eine soziologische und kulturelle Tatsache. In ihr erkennen sich viele der zeitgenössisch angeregten jungen Leute wieder.

Andere mögen Schwierigkeiten haben. Geht es doch bei Illies und den Popliteraten um so wichtige Bildungserlebnisse, dass man zwei, drei Jahre die an sich spießigen Lacoste-Pullis trug, »um uns endlich von unserem Fruit-of-the-Loom-Trauma zu lösen«. Das mühsame, sich über Jahre erstreckende Gewinnen des rechten Stils in Kleidungsfragen wird mit einem inbrünstigen Ernst behandelt, der in anderen Zeiten religiösen Fragen vorbehalten war. »Im sicheren Hort des tradierten Geschmacks und befreit von finanziell und ästhetisch aufwändigen Abgrenzungsschlachten gegen die Älteren, hatten wir ausreichend Zeit, uns unseren eigenen Stil zu basteln« – ein Stil, in dem offenbar das Klassische und das Persönliche in eine ideale Balance gelangt sind. »So konnte man mit einem dunkelblauen Hemd mit rotem Polospieler von Ralph Lauren ebenso gelassen der Ankunft der jungen Herrenlinien von Boss und Joop entgegensehen wie die Frauen im Twin-Set von Stefanel, dem Schlaraffenland, bei dem H&M an der einen Ecke lag und Max & Co, Dolce & Gabbana und Kookaï an der anderen. Wichtig war von Anfang an, dass man nicht mehr darauf achtete, dass man möglichst günstig einkaufte, sondern dass man möglichst schön einkaufte.«

Hier ist, wie sich unschwer erkennen lässt, der logisch diametrale Gegensatz zu den Achtundsechzigern erreicht. Und genau das ist eine der Pointen dieses Generationenentwurfs. Generationen, so glaubt das soziologische Schulwissen, seien Altersgruppen, die durch gemeinsame Erfahrungen, meist durch historische Wendepunkte, zusammengeschweißt werden und ein darauf bezogenes Lebensgefühl entwickeln. Diese Ereignisse können historisch-politisch sein wie der Kriegsausbruch 1914, die Flakhelferzeit am Ende des Zweiten Weltkriegs oder die Revolte von 1968. Es kann sich aber auch um ästhetische Ereignisse handeln wie das Erscheinen des *Werther* 1774 oder das Auftreten Stefan Georges und Hugo von Hofmannsthals in den neunziger Jahren des 19. Jahrhunderts. Die mit diesen Literaturereignissen verbundenen Epochen verraten schon durch ihre Namen ihren Jugendcharakter: Sturm und Drang und Jugendstil.

Man muss so weitläufig an die Vorläufer der Popliteraten und -journalisten erinnern, um sich über die allerneueste dieser Generationen gehörig zu wundern. Denn inzwischen *hat* ein großes historisches Ereignis stattgefunden, das selbst 1968 in den Schatten stellt: der Fall der Mauer, der Zusammenbruch einer vierzigjährigen Weltordnung, das Ende einer das Jahrhundert dominierenden Geschichtsphilosophie, die Wiederherstellung des deutschen Nationalstaats, um nur die wichtigsten Bedeutungsdimensionen von 1989 zu nennen. [...]

Doch der Fall der Mauer war für diese Nachgekommenen ein Medienereignis wie alles andere in ihrem Leben auch. »Es war weltweit die Schlagzeile Nummer eins und damit auch in der für mich relevanten virtuellen Welt interessant«, erklärt einer von ihnen. Wir haben es bei der »Generation Golf« mit einem monströsen kultursoziologischen Sonderfall zu tun: einer Jugend, die fast ausschließlich von und in dem für sie bestimmten Segment der Konsumkultur sozialisiert wurde, vom Fernsehen, von Popmusik, von Klamotten und Markenprodukten. Eltern, Bücher, Politik, Geschichte, Theorie, Schule und Universität – all das kommt nur ganz schattenhaft und am Rande vor, in ein paar abschätzigen Gesten, mit denen »Gemeinschaftskundelehrer«, ältere Brüder und das ungewaschene Studentenleben auf den Müllhaufen des ästhetisch Inakzeptablen geworfen werden.

Der offen unpolitische Ästhetizismus dieser Generationenimagination erinnert von fern an Motive bei Baudelaire und Oscar Wilde, an den ästhetischen Ekel vor einer vulgären bürgerlichen Öffentlichkeit, an die Utopie einer von Schönheit und den Gemeinschaftsgefühlen der *inner circles* bestimmten Lebensform. Nun ist es ein ehernes Gesetz der bürgerlichen Lebensform, dass das Ästhetische in dem Maße in den Vordergrund rückt, in dem das Politische zurücktritt. Doch darüber hinaus ist der Jugendstil des Jahres 2000 eine ganz logische Antwort auf die durch Medien, Konsum und Musik vollkommen künstlich gewordene Außenseite der Wohlstandsgesellschaft, deren Dinge und Produkte zu immer feiner justierten sozialen Signalen wurden. Alles ist Botschaft in dieser Welt, nichts dient allein dem Gebrauch. So wird hier auch alles immateriell, und wenn ein ganzes Weltreich zusammenbricht. Interessant ist, dass diese Immaterialität sich in einer vollkommenen Äußerlichkeit – das ist der Sinn des Pop in diesen Zusammenhängen – manifestiert. Es ist in einer solchen Welt ganz konsequent, die Entscheidung zwischen einer blauen und einer grünen Barbour-Jacke für schwieriger zu erklären als die zwischen CDU und SPD und Demonstrationen danach zu bewerten, ob die mitmarschierenden Frauen schicke Spaghettiträger anhaben. Der Kauf bestimmter Kleidungsstücke sei, so sagt Illies mit ganz naivem Ernst, wie früher die Lektüre eines bestimmten Schriftstellers, »eine Form der Weltanschauung geworden«.

Der Ästhetizismus der Popliteraten – als Autoren, Redakteure, Gagschreiber sind sie alle Angestellte der Medienbranche – ist das Produkt eines Bildungsromans, den sie als Verfeinerungsprozess schildern, als Kampf um den definitiven Stil im Chaos der Moden und Produkte, einen Stil, der sich freilich immer nur momentweise fixieren lässt, weil er sich vom Massengeschmack abheben muss. Sowie aber die Masse das entdeckt hat, was die elitären Konsumavantgardisten für sich propagiert haben, ist es für sie schon out. Wer in der Massenkultur das Erlesene und Individuelle sucht, muss immerfort wegrennen: fliehen vor der Woge des Trends, in dem das von allen ergriffen wird, was zuvor Insidertipp war.

Dieser ganze Mechanismus einer konsumästhetisch bestimmten Jugendkultur, die zur leitbildgebenden und generationenprägenden Sozialisationsinstanz wird, setzt zwangsläufig ein historisch beispiellos hohes Wohlstandsniveau voraus. Alle objektiven Mächte, Arbeit, Politik, Eltern, treten in den Hintergrund, weil der Reichtum bisher unerhörte Spielräume geschaffen hat, als Allererstes schon die ungewöhnlich lange Dauer des Jugendalters. Die »Generation Golf« definiert sich nach einem Auto, das bereits achtzehnjährige Führerscheinfrischlinge fahren: Weh dem, der sich kein Auto leisten kann. [...]

Generation aber ist nicht nur ein historischer, sondern auch ein biologischer Begriff. Jede komplexe, auf lang währenden Voraussetzungen aufgebaute Zivilisation muss ihre Kinder mühsam anlernen und auf sie einstimmen. Zugleich begegnen diese ganz künstlich gewordenen Gesellschaften ihrer Jugend mit der Neugier, mit der man auf ein letztes Stück vermeintlicher sozialer Natur blickt. In den Augen der Jugend wird die greise Welt neu. Jugend ist in sozialen Zusammenhängen ein unschlagbares Argument, denn sie verbürgt Stärke und Zukunft; sie hat die Natur auf ihrer Seite, und das macht sie so grausam.

Auch die Generation der mittelständischen Popästheten pocht, wie es ihr altersgemäß gerade noch zusteht, auf ihre Jugend. »Unhip« ist alles, was lange Dauer voraussetzt: Geschichte, Politik, Theorie, der Apparat der Bildung, das Erziehungssystem, aber beispielsweise auch der Fortschritt, denn er bestimmt sich ja durch ein Vorher und Nachher. Als Ästheten wollen die Genossen der »Generation Golf« erlesen und avantgardistisch sein, doch in allen sozialen Zusammenhängen sind sie stockkonservativ. Sie sind es zum Teil, weil sie sich damit von Eltern, Lehrern und ihren jugendkulturellen Vorläufern abheben können; aber vielleicht auch aus einem tieferen Motiv: weil der verantwortungslose Genuss des ästhetisierten Augenblicks das Große und Ganze des Bestehenden so lassen muss, wie es ist. Jugend erträgt keine Bedürfnisvertagung.

Das Leben dieser robusten, wohlhabenden und wählerischen Mittelstandsjugend wirkt seltsam kampflos. Das Geld ist ererbt oder in der Jugendbranche der Medien rasch verdient. Soziale oder politische Ziele sind ihr pädagogischer Kitsch, für den keine Zeit bleibt. Das Bestehende ist der Steinbruch für den Genuss im Stil der Zeit. Doch der Eifer, mit dem man sich von den Moralmaximen der Altvordern absetzt, verrät ein schlechtes Gewissen. Und die Mühelosigkeit des ererbten Wohlstands verbürgt jene Langeweile, die mit dem Spiel der Rollenprosa und all der anderen anstrengenden Posen gefüllt wird, mit Weltreisen, mit Internet-Seiten und vielen kleinen Provokationen. Dabei macht die Anstrengung der Individualisierung authentisch einsam. Freundschaften ersetzen Gesellschaft – was völlig in Ordnung ist –, doch Politik wird auch ersetzt von dem Jugend- und Modedarwinismus, der alles und jeden danach bemisst, ob er »top oder flop« (Stuckrad-Barre) ist. Dass für diese Generation das Älterwerden eine Katastrophe sein könnte, gesteht Florian Illies selbst ein. Altsein ist ziemlich unschick. Ästhetik kann Politik ersetzen, lautet ein

Grundgesetz der bürgerlichen Kultur. Ein anderes aber ist, dass der dandyhafte Kult der Oberfläche und des schicken Scheins, die Verfeinerung des Geschmacks immer einen Überdruss erzeugen, den Hass auf das Gebrochene, Uneigentliche, Ironische; das Grobe und Elementare steigt wieder im Kurs. Die Sehnsucht nach dem Kollektiv und dem großen Moment, nach dem Erlebnis des Kampfes, das die Politik nicht mehr zu bieten vermag, kehrt dann in atavistischer Gestalt zurück. »Wäre das hier Cambridge und nicht Berlin«, heißt es in *Tristesse Royale*, »und wäre es jetzt der Herbst des Jahres 1914 und nicht der Frühling des Jahres 1999, wären wir die ersten, die sich freiwillig melden.« Das ist vollkommen glaubhaft.

Produktive Gestaltung eines längeren Sachtextes / Textdesign (nach Blum / Bucher)

Informationserschließung und -vermittlung

Wissens- und Informationsvermittlung in modernen Printmedien erfolgt heute häufig nicht mehr über einen Langtext. Der Text wird in kleine Einheiten aufgelöst, segmentiert. Es geht nicht um die bloße Faktenvermittlung, sondern zugleich um eine Kommentierung der Fakten. Darüber hinaus finden Bilder und Grafiken verstärkt Eingang in die populärwissenschaftliche Berichterstattung. Auf diese Weise wird dem Zeitungsleser ein erstes Überfliegen des Textes, eine schnelle Orientierung und damit auch ein selektives Lesen erleichtert. Diese Form der Textaufbereitung, das so genannte Textdesign, soll dem Leser die Lektüre erleichtern und schmackhaft machen.

Das Textdesign muss folgende Aspekte beachten:
In welche Unterthemen lässt sich das Hauptthema untergliedern, wie können diese Teilthemen aufbereitet werden? (Bericht, Aufbereitung als Statistik oder Diagramm, Einschub von Interviewauszügen etc.)
Welche journalistischen Texte können die Aussage des Haupttextes ergänzen (Kommentare, Porträts, Verlaufschronik zu einem Ereignis etc.)?
Welche Aufgabe kommt dem Bildmaterial zu: Soll es veranschaulichen, erklären, dokumentieren…?

- Erarbeiten Sie die Makrostruktur des Sachtextes von Gustav Seibt.
  Erörtern Sie Seibts zentrale Gedanken vor dem Hintergrund Ihrer Kenntnis über die Generation Golf (vgl die Texte von Christian Kracht S. 103 u. Florian Illies S. 104f.).

- Gestalten Sie den Sachtext von G. Seibt »leserfreundlich« mit der Methode »Textdesign« produktiv um. In welche Unterthemen lässt sich der Text aufteilen? Welche dieser Textteile können durch alternative Textformen ersetzt werden? (Chronik, fingiertes Interview, fingierte Reportage etc.)
  Welche Teile sollen als Eyecatcher besonders hervorgehoben werden?
  Welches Bildmaterial kann eingesetzt werden?
  Diskutieren Sie Möglichkeiten und Grenzen dieser Form der Textaufbereitung.

Beat Suter / Michael Böhler **Was sind Hyperfictions? (1999)**

Eine Hyperfiction ist ein elektronischer Hypertext, der Text als Gewebe oder Textur versteht, an der ständig weitergeflochten wird. Einzelne Texteinheiten werden innerhalb und außerhalb eines Dokumentes auf assoziative, nicht-sequentielle Weise, d.h. in der Struktur eines Rhizoms[9] oder Baums miteinander verbunden. Der Leser erhält damit die Möglichkeit, verschiedenen Gewebefäden und damit auch Erzählsträngen zu folgen, ja, er muss neue Fäden finden und sie (weiter)spinnen. Somit hat er beim Lesen die Möglichkeit, mehrere Informationen oder Texteinheiten in eine neue Abfolge zu bringen und damit einen neuen Zusammenhang eigenschöpferisch zu kreieren.

Hyperfictions unterscheiden sich von herkömmlichen Texten vor allem in ihrer multiplen – oft wird der ungenaue Begriff nichtlinear verwendet – Anordnung, sie können inhaltlich wie formal auf verschiedene Arten gelesen werden. Hyperfictions sind komplexe literarische Gewebe, in denen multiple, narrative Abläufe durch die implementierte Verknüpfungsstruktur direkt sichtbar werden und die dem Leser zum Nachwandern offen stehen.

Zwiespältige Empfindungen gegenüber einer Hyperfiction dürften wohl bei den allermeisten die erste Lesereaktion sein – aus verständlichen Gründen, unterscheidet sich der Lektürevorgang bei Hyperfictions doch recht stark vom vertrauten Umgang mit herkömmlichen Erzählungen in Büchern. In vielen Hyperfictions ist die Struktur des Textes nicht auf den ersten Blick ersichtlich, die Verknüpfungen der Texteinheiten sind nicht kartografiert, der Text scheint damit undurchschaubar und meist ist auch kein Ende in Sicht. Wer sich am Inhaltsverzeichnis, an den Kapitelüberschriften oder an den Seitenzahlen orientieren will wie ein einem Buch, der findet meist nichts Vergleichbares. Der Hypertext offeriert im Fortschreiten der Lektüre immerfort von Neuem unterschiedlich ausgeprägte Varianten und bewirkt derart eine ständige Veränderung der Geschichte. Hinzu kommt die Aufforderung an den Leser, mit seinen Entscheidungen die Geschichte zu lenken und schließlich ein Ende zu setzen, wo kein Ende vorhanden zu sein scheint. Eine schwierige Aufgabe für den neuen Leser, doch sobald er sich an die Technologie und die neuen Formate gewöhnt und die Herausforderungen zum Mitagieren am Text angenommen hat, kann er zum neugierigen Wanderer werden, der die neuen narrativen Räume entschlossen für sich selbst entdeckt. [...]

Somit wird der Leser zu einem »Performer«, bzw. »Scriptwriter« einer Hyperfiction, denn er ist derjenige, der sich aus einem Satz von Möglichkeiten eine Narration erstellt.

Der performative Leser kommt in erster Linie durch die Navigierbarkeit der erzeugten virtuellen und poetischen Räume zustande. Anders als in einem linearen Buchroman oder einem Film kann sich der Leser selbstständig durch ein virtuelles Hotel bewegen, er kann sich in einem Salon des Hotels mit andern Gästen unterhalten oder sich in Ruhe das schönste Zimmer aussuchen. Der Leser wird zum Steuermann (Navigator) und Beziehungsknüpfer und kann sich ganz darauf konzentrie-

---

[9] Wurzelstock, der sich verzweigt

ren, den fiktiven Raum selbst zu erforschen. Die lustvolle, manchmal aber auch recht eingeschränkte (Mit-)Arbeit am Text hat eine große Wirkung, dadurch nämlich kann ein neuer Raum erforscht, ein weiteres Kapitel der Geschichte »geschrieben« bzw. angefügt werden.

Die Navigation jedoch ist stets an eine vorkonfigurierte Orientierung von Software-Voraussetzungen und Herausgeber-Regelwerk gebunden, die schwerlich durchbrochen werden kann. Doch selbst diese »gesteuerte« Freiheit der Navigation bereitet dem Leser zumeist Lust am Spiel mit dem Text, denn er scheint sich autonom durch einen (endlosen) Text bewegen zu können, er orientiert sich dabei in der virtuellen Landschaft an herausragenden Zeichen, Monumenten und wichtigen Kreuzungen und erstellt für sich selbst eine mentale Karte des Raumes. Die Rolle des Entdeckers findet sich praktisch in allen Hyperfictions. Sie kommt zustande, weil dem Leser Informationen fehlen, um im Text weiterzukommen, bzw. um einen Fall zu lösen. Die Aufgabe des Entdeckers ist es, die richtigen Zeichen sorgfältig von allen unwichtigen und ablenkenden Zeichen zu trennen, um dann mit den richtigen Fakten die Geschichte, die einer Verbrechensgeschichte ähnelt oder gar eine ist, rekonstruieren zu können. Der Leser hat eine detektivische Aufgabe zu lösen, er muss auch das wiederholte Lesen einer Episode (»Rereading«), das Wieder-neu-Arrangieren von Bruchstücken und Spuren in Kauf nehmen und auch einmal gegen den Strich denken, um dem Verborgenen auf die Schliche zu kommen.

Der Herausgeber (und eigentliche Autor) einer Hyperfiction auf der andern Seite schlüpft mehr und mehr in die Rolle des Bereitstellers von Strukturen und geordneten Materialien. Man erwartet von ihm keine abgeschlossenen Fiktionen mehr, sondern eine große Fülle von gegliederten Materialien und Beziehungen, eventuell eine ganze simulierte Welt, mit eigenen Strukturen zur Kommunikation, zur spielerischen Interaktion und zur Produktion von narrativen Strängen. Der Leser will möglichst frei über diese Materialien verfügen können und als Mitautor durch aktives Handeln – freie Bewegung, Aktion und Geschwindigkeit sind dabei stets wichtige Faktoren – nicht nur eigene Sinnzusammenhänge, sondern eigene Geschichten, bzw. eigene Welten herstellen können.

Susanne Berkenheger **Der mausgesteuerte Autor (1999)**

Waren die vertrauenswürdig? Saßen im Halbdunkel grinsend beisammen, ich stand allein und beleuchtet vor ihnen. Denen sollte oder wollte ich – so war mein Konzept – die Funkmaus geben und dann... »Also Sie klicken, ich lese«, hatte ich erklärt, und dass dies deshalb eine »Hyperlesung« meines Hypertextes »Zeit für die Bombe«[10] sei. Das war Mitte November 1997.

Schon Wochen vorher hatte ich versucht, mir den schlimmstmöglichen Leser vorzustellen und vorauszuahnen, wie er mich mithilfe jener Funkmaus wohl striezen

---

[10] S. Berkenheger berichtet über eine Hyperfiction-Lesung: Der Hypertext »Zeit für die Bombe« spielt in Moskau. Vier Personen sind aus unterschiedlichen Motiven auf der Suche nach der verloren gegangenen Bombe. Die Leser können sich mit Links durch die Textstruktur navigieren und aus ca. 100 einzelnen Textelementen ihre eigene Erzählung gestalten.

könnte. Ich hatte eine Reihe von Gegenattacken vorbereitet. Würde es zum Beispiel einem Spaßmacher einfallen, mich stundenlang zwischen den immer gleichen drei Seiten kreisen zu lassen, so hatte ich für den Fall einigen Spott und verschiedene Beschimpfungen in den Text integriert. Je öfter eine Seite angeklickt wurde, um so heftiger wurde ich. Den Spaßmacher gab's, und ich spottete und schimpfte, sehr zum Vergnügen des Publikums. »Oho«, dachte ich mir, »das gefällt ihnen also, wenn der Text sie beobachtet, sie prüft, belohnt und straft.«

Seitdem sitzen sie in Gedanken oft vor mir, die Leser. Wenn ich schreibe und verlinke, male ich mir aus, wie sie zögern, eilen, klicken, blinzeln und wie sie nebenbei auf die Uhr schauen. Manche Links setze ich für die Schurken unter den Lesern, für die flüchtigen, vagabundierenden, lege Mausfallen aus. Klappe zu, und sie sitzen in einer doch stringenten Geschichte. Von anderen Links glaube ich wiederum, dass sie direktere Naturen ansprechen. Die versuche ich aufzuhalten im Lesesprint. Mehr und mehr ist so der von mir vorgestellte Leser zur handelnden Person geworden, eine Leerstelle, ein schwarzes Loch, das der Text zu ergründen sucht. Als ich mit »Hilfe!« begann, stellte ich mir die Kontrolle und den dadurch möglichen Dialog mit dem Leser ziemlich umfassend vor: Vier fiktive Personen beobachten ihn, buhlen um seine Aufmerksamkeit, machen Jagd auf ihn. Sollte er etwa seine Maus unsicher über den Bildschirm bewegt haben, gezögert oder im Gegenteil so schnell weitergeschweift sein, dass er unmöglich den Text gelesen haben konnte? Die vier würden darauf reagieren, verschieden, je nach Charakter. Der Leser sollte Konsequenzen spüren. Technisch wäre vieles (fast alles) zu machen gewesen. Nur: Die Leser, die ich mir vorstellte, wurden immer mehr, immer neue Varianten fielen mir ein, wie sie sich verhalten könnten, insbesondere nachts brachen Scharen von Lesern in meine Vorstellungen, schoben sich in imaginäre Fußballstadien und verlangten, dass ich meine Geschichte doch bitte jedem einzeln in einem trauten Zwiegespräch erzählen soll. »Hilfe!«, rief ich und hatte einen Titel.

- Informieren Sie sich im Internet über Hyperfictions (z.B. www.update.ch/beluga/hypfic.htm oder www.berlinerzimmer.de).

- Wie definieren B. Suter und M. Böhler Hyperfictions? Wie beschreibt die Hyperfiction-Autorin S. Berkenheger das Verhältnis Autor-Leser?
Vergleichen Sie die Aussagen der Autoren mit Ihren eigenen Erfahrungen.

- Erarbeiten Sie in Kleingruppen das Konzept für eine Hyperfiction. Mögliche Themen könnten sein: Klärung eines Mordfalls, Reisen mit dem Traumschiff, Verloren in der Großstadt. Gehen Sie folgendermaßen vor:
Wählen Sie ein Thema und skizzieren Sie gemeinsam eine Ausgangssituation.
Entwerfen Sie mögliche Handlungselemente. Simulieren Sie verschiedene Handlungsabläufe. Überlegen Sie, welche inhaltlichen Vernetzungen zwischen den einzelnen Stationen sowie den Stationen und der Ausgangssituation notwendig sind.
Stellen Sie Ihr Konzept im Kurs vor. Wählen Sie dafür ein Präsentationsverfahren, das die anderen Kursteilnehmer als mitgestaltende Leser anspricht.

Kulturmetropole Berlin

Literarisches Leben heute – eine Übersicht

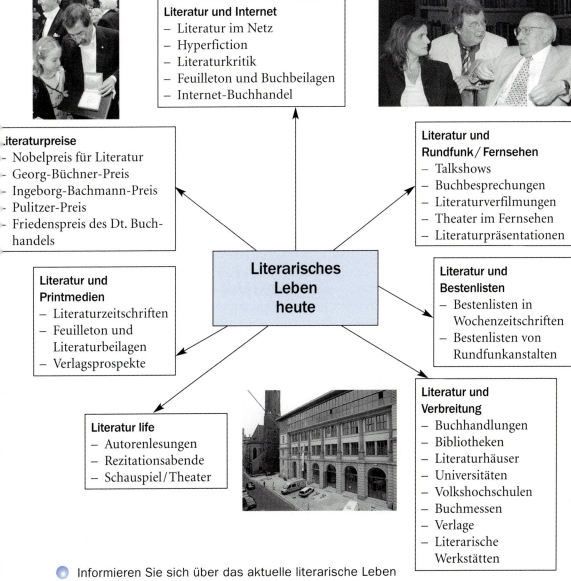

Literatur und Internet
- Literatur im Netz
- Hyperfiction
- Literaturkritik
- Feuilleton und Buchbeilagen
- Internet-Buchhandel

Literaturpreise
- Nobelpreis für Literatur
- Georg-Büchner-Preis
- Ingeborg-Bachmann-Preis
- Pulitzer-Preis
- Friedenspreis des Dt. Buchhandels

Literatur und Rundfunk/Fernsehen
- Talkshows
- Buchbesprechungen
- Literaturverfilmungen
- Theater im Fernsehen
- Literaturpräsentationen

Literatur und Printmedien
- Literaturzeitschriften
- Feuilleton und Literaturbeilagen
- Verlagsprospekte

Literarisches Leben heute

Literatur und Bestenlisten
- Bestenlisten in Wochenzeitschriften
- Bestenlisten von Rundfunkanstalten

Literatur life
- Autorenlesungen
- Rezitationsabende
- Schauspiel/Theater

Literatur und Verbreitung
- Buchhandlungen
- Bibliotheken
- Literaturhäuser
- Universitäten
- Volkshochschulen
- Buchmessen
- Verlage
- Literarische Werkstätten

- Informieren Sie sich über das aktuelle literarische Leben in Ihrer Stadt. Stellen Sie Ihre Ergebnisse anhand von Informationspostern vor.

- Entwickeln Sie Konzepte dafür, wie Sie, Ihr Kurs bzw. Ihre Schule aktiv oder als Rezipient am öffentlichen literarischen Leben Ihrer Umgebung teilnehmen können. Laden Sie zu diesem Thema Vertreter entsprechender Institutionen zu einer Podiumsdiskussion ein.

- Organisieren Sie eine Autorenlesung mit einer Autorin bzw. einem Autor aus Ihrer Umgebung.

Lorelies Ortner **Millennium (2001)**

Etwas Einmaliges ist in unserem Leben passiert – und das Einzigartige war sogar voraussagbar: das Millennium. Und weil die Zeitenwende kein unerwartetes Ereignis war, konnte die Inszenierung des Millenniums als »Event« von langer Hand vorbereitet und punktgenau (sprich: taggenau) auf einen Höhepunkt hin medial aufbereitet werden. Zuerst war das Millennium nur gelegentlich in den Medien präsent, vom Londoner Millennium-Dome oder vom Millennium-Virus war da die Schreibe. Bereits im Oktober 1999 aber hatte der Zeitsprung thematische Hochkonjunktur in allen Medien und auf allen Kanälen. Im Dezember 1999 artete die Konjunktur dann zu regelrechter medialer Hysterie aus. Und »medial« heißt hier eigentlich »multimedial«: In Rundfunk, Fernsehen, Presse, Werbeschriften, Plakaten und Internet – für alle, die in der Öffentlichkeit schreiben und reden, war das Thema »Millennium« ein hochwillkommener Gast. Kräftig unterstützt wurden die Medien von der Wirtschaft: Anlässlich des außergewöhnlichen Ereignisses wurde Außergewöhnliches produziert: Eigene Düfte wurden kreiert, besondere Süßwaren hergestellt, spezielle Sektmarken ersonnen – eine Vielzahl von einzigartigen Produkten kam auf den Markt. Und das Neue – wie auch das, was nicht neu war – erhielt ein höchst festliches Gewand durch eine spezielle Jahrtausendwendeaufmachung. [...] Historisch gesehen ist mit dem Wort *Millenium* im Jahr 1999 viel passiert: In Fremdwörterbüchern des 19. und 20. Jahrhunderts werden für Millennium (aus lateinisch *mille* = tausend und *annus* = Jahr) einheitlich nur zwei Bedeutungen angegeben:

1. »1000 Jahre, ein Jahrtausend« Millennium Österreich 996–1996 gemeinsam ins neue Millennium zu springen ORF 2 TIROL HEUTE, 2000-01-01
2. »das tausendjährige Reich der Offenbarung Johannis (20,2ff.)«

Zu diesen zwei Bedeutungen des Wortes *Millennium* kommen im Jahr 1999 plötzlich mehrere andere hinzu:

3. »Zeitpunkt, an dem eine neue 100-Jahr-Periode beginnt« / »Jahrtausendwechsel«; spezifischer: »Silvester / Neujahr 1999 / 2000«
Glänzender Auftritt – Glitter in Make-up und Kosmetik – zum Millennium und sicher auch noch danach dürfen Sie funkeln wie ein Stern.
http://DE.NEWS.YAHOO.COM/1999-12-31

4. »Feier anlässlich der Jahrtausendwende« Millennium in den Bergen (statt: Millenniumsfeier)
W. = WERBUNG; TAGESANZEIGER1999-12-04,33

5. »das Jahr 2000 (und das damit verbundene Problem der EDV-Datumsumstellung)« Millenniumproblem (gleichbedeutend mit: Y2K- oder Jahr-2000-Problem)

6. (Marken-)Name
Einen besonderen Weihnachtsstern gibt es heuer bei Blumen Seidemann. Der dunkellaubige, dunkelrote Weihnachtsstern ist eine Eigenproduktion des heimischen Traditionsgärtners und heißt »Millennium«
ECHO 1999/12

7. »größt-/längst-/meist-«, »herausragend«, »von bester/höchster Qualität«; dient zur Superlativierung (meist als Zusatzbedeutung)
Die Liebe der Frauen zu Düften sind Ausdruck ihres Charismas. Düfte unterstreichen die einzigartigen Facetten einer Frau. Die Frau des Millenniums!
W.DOUGLAS (KOSMETIK)

Im Fall des Wortes *Millennium* bestand der systematisch »fehlerhafte« Sprachgebrauch im kleinen Schritt von der durativen zur punktuellen Lesart (*Happy Millennium 2000*). Dieses Phänomen ist in allerjüngster Zeit auch schon in Wörterbüchern registriert worden. Mit den anderen Bedeutungen (4-6) und der neuen superlativischen Bedeutung (*Millennium* als Augmentativum, vgl. Bedeutung 7) war schließlich der Startschuss für den endgültigen Siegessprint des Wortes *Millennium* gegeben: Es war vielfach anwendbar, ein bequemes und prestigeträchtiges Etikett in allen Lebenslagen, es wurde zum Modewort, das z.B. im April 2000 in mehr als 43.000 Internetseiten im deutschen Sprachraum über 1,5 Millionen Mal verwendet wurde!

Die äußerst reichhaltige Palette der Komposita und Phraseologismen mit *Millennium* spiegelt die Mentalitätsgeschichte der kurzen Zeitspanne vor und nach der Jahrhundertwende in quasi mikroskopischer Detailtreue wider. (Fast) die ganze Welt wird aus der Millenniumsperspektive gesehen – eine Benennungsexplosion ist die Folge: Menschen (*Millenniumsbaby*), ihre Aktivitäten (*Millennium Feuerlaufen*), ihre Gefühle (*Millennium-Rausch*), das EDV-Problem (*Millennium-Virus*) und viele andere Themen mehr waren Gegenstand der Kommunikation in den Medien; vor allem aber wurden Produkte thematisiert (*Millennium Wildlachs*), Produkte in Spezialdesigns (*Millenniumkerze*) und solche in Spezialverpackungen (*Millennium Paket Gitterbett Wickelkommode Autositz 3-teilig*). Und alles wurde erhellt, verklärt und erhöht durch das verbale Millenniumsfeuerwerk – selbst das *Millenniums Geschirrtuch* und der *Millenniumsrosenkranz*.

MILLENIUMS-TITANIC

- Zeigen Sie die Bedeutungsentwicklung des Worts »Millennium« als Modewort des Jahres 2000 auf. Suchen Sie in Internet und in zeitgenössischen Zeitschriften nach entsprechenden Werbeanzeigen.
- Erörtern Sie den Zusammenhang der Bedeutungszuweisungen für das Wort Millennium mit dem Zeitgefühl der Menschen um die Jahrtausendwende.

Projektideen

Fachübergreifendes Projekt: Trendwörter –
Untersuchungen zur deutschen Gegenwartssprache (nach L. Ortner)
Deutsch, Geschichte, Sozialwissenschaften

Die Gesellschaft für deutsche Sprache in Wiesbaden (http://www.geist.de/gfds/verlag-D.html) veröffentlicht jährlich Listen von Modewörtern, die so genannten »Wörter des Jahres«. In den vergangenen Jahren waren solche Trendwörter u.a.: Homepage (1996); Tamagotchi (1997); Event, Euroland (1998); Generation@, Millennium (1999); BSE, SMS, Big-Brother-House (2000).
Untersuchen Sie den Sprachgebrauch im Hinblick auf Trendwörter. Die Auswertung der Wortbelege sollte nur in ihrem jeweiligen Textumfeld erfolgen, nicht isoliert. Arbeiten Sie arbeitsteilig in Kleingruppen zu folgenden Themen:
– »Trendwörter der Gegenwart«
  Informieren Sie sich bei der »Gesellschaft für deutsche Sprache« über gegenwärtige Trendwörter. Recherchieren Sie, in welchen Zusammenhängen sie gebraucht werden.
– »Trendverdächtige Wörter der Zukunft«
  Verfolgen Sie den aktuellen Sprachgebrauch in den Medien (z.B. Nachrichtensendungen, Börsenberichterstattung, Werbung). Welche Wörter könnten Ihrer Ansicht nach trendverdächtig sein?
– »Trendwörter der Vergangenheit«
  Wählen Sie historisch bedeutende Stationen dieses Jahrhunderts (z.B. die Jahrhundertwende 1900, Kriegsende 1918 bzw. 1945, der Bau der Berliner Mauer 1963, die erste Mondlandung 1968, der Mauerfall 1989). Welche Wörter könnten in diesen Zusammenhängen als Trendwörter herausgestellt werden?

- Sammeln Sie zu Ihren jeweiligen Themen visuelles und akustisches Belegmaterial. Stellen Sie Ihre Ergebnisse zu einzelnen Wörtern in Form von Informationsplakaten ergänzt durch visuelle und akustische Beispiele den Kursmitgliedern vor.

- Überlegen Sie sich ein Produkt, das mit dem von Ihnen gewählten Trendwort kombinierbar ist und gestalten Sie eine Werbeanzeige oder einen Werbespot. Sie können auch einen Nachrichten- oder Magazinbeitrag verfassen, in dem das von Ihnen untersuchte Trendwort im Mittelpunkt steht.

- Erörtern Sie im Kurs, welche Rückschlüsse sich aus Ihren Ergebnissen ziehen lassen für:
  – sprachliche Entwicklungs- und Veränderungsprozesse;
  – Sprache als Ausdruck der Gegenwartskultur;
  – Sprache als Spiegel gesellschaftlicher und politischer Entwicklungen.

- Informieren Sie sich über Trendwörter in anderen europäischen Sprachen.

Klausurtraining

Roger de Weck **Ein Lob auf die Einheit (2000)**

Mein Gott, was haben wir alles gesagt und geschrieben, wir Nachbarn von BRD und DDR, vor zehn Jahren, als die Deutschen zusammenfanden zu einem Staat. Briten sahen das Land »nach Osten abdriften«. Der nette Franzose nebenan argwöhnte, das Achtzig-Millionen-Volk werde »über Europa herrschen«. Angst ging um (auch in meiner Schweizer Heimat). Aber es kam Normalität.

Die Deutschen rätseln, was das ist. Normalität kommt ihnen keineswegs normal vor. Das ist mehr als verständlich nach Jahrzehnten, in denen das Verruchte der Diktatur und das Verrückte der Teilung die Norm zu sein schienen. Heute jedoch darf man sagen: Deutschland, das gelassene Land. Darf man? [...] In diesem Land ist ausgerechnet in Zeiten des Umbruchs – bei allen Unwägbarkeiten, Ungereimtheiten und Ungerechtigkeiten – ein Gleichgewicht, das es früher nicht gab. Jetzt verinnerlicht Deutschland, was ältere Demokratien längst erfahren haben: Es kann Genialität liegen im Verzicht auf Perfektion. Das gilt besonders in der Politik (und noch mehr im alltäglichen Zusammenleben). Die Deutschen sind in diesem Sinne »erwachsen«, wie ihr Kanzler sagt. DDR mit und ohne Anführungszeichen, Fensterrahmen mit oder ohne weißes Tuch, Bundeswehr mit oder ohne Zapfenstreich, Nietzsche mit oder ohne Hitler, Geschäftsessen mit Krawatte oder auch ohne: In Deutschland muss und will man seine Gesinnung nicht mehr so krass bekunden. Die kindisch-kategorischen Enweder-oder-Fragen sind weg, jetzt stellen sich die Mehr-oder-weniger-Fragen, sie sind oft die politischeren: nicht, ob eine Hochschule eigenständig sein darf, sondern wie viel Autonomie sie braucht; nicht, ob Steuern gesenkt werden, sondern um welchen Satz; nicht, ob der Tarifvertrag unbedingt gilt, sondern inwiefern er im Osten nicht mehr nutzt oder schadet [...].

Was war das doch für ein Jahrzehnt! Auf die Teilung folgte die Einheit, auf Bonn Berlin, auf die Ostmark die D-Mark, auf die D-Mark der Euro, auf Kohl Schröder, auf Helmut bald Angela, auf die Generation des Kriegs die des Friedens, auf 50 Jahre Frieden der Kampfeinsatz auf dem Balkan, auf Kulturkritik der neue Glaube an Technik und Wachstum, auf den deutschen Korporatismus das Börsenfieber, auf das industrielle das digitale Zeitalter, auf den Schutz der Umwelt das gentechnische Menschenmachen, auf Old nun New Economy [...].

In einer Hinsicht sind die Deutschen zu wenig auf ihre Nation bedacht: Sie leben noch aneinander vorbei. Was der Osten vom Westen hat, weiß man. Und umgekehrt? In den neuen Ländern wird mit Erfolg erprobt, was in den alten tabu war. In der ehemaligen DDR wächst, mangels Chancen in der Wirtschaft, eine politische Elite, für die eines Tages die ganze BRD dankbar sein wird. Was der Westen vom Osten haben kann, weiß er nicht genug, will es nicht wissen. Und das ist nicht normal.

● Analysieren Sie den Text zum Thema »Deutsche Einheit«. Nehmen Sie in Form eines Leserbriefs (s. S. 119) Stellung zu de Wecks Position. Beziehen Sie dabei auch Ihnen bekannte Positionen aus zeitgenössischen literarischen Texten ein.

Methodenlexikon

Brainstorming

Beim Brainstorming geht es darum, in der Gruppe oder einzeln für ein bestimmtes Problem eine Lösung zu finden. Das Brainstorming arbeitet mit dem Prinzip des aufgeschobenen Urteils. Es kommt zunächst darauf an, in einem vorgegebenen Zeitrahmen so viele Ideen wie möglich zu äußern, so abwegig und fantastisch sie auch sein mögen. Jede Äußerung ist akzeptiert. Kritik ist untersagt. Die einzelnen Beiträge müssen nicht aufeinander Bezug nehmen. Eine kritische Sichtung der Äußerungen (sortieren, gliedern, aussondern etc.) erfolgt erst im Anschluss.

Briefe

Briefe können dazu beitragen, Situationen und Zusammenhänge zu erhellen, sich selbst einer Sache bewusster zu werden, indem man sie jemandem erklärt, ein Mittel der öffentlichen Meinungsäußerung und damit der Einflussnahme sein. Private Briefe als Geschichtsquellen geben eine andere Sichtweise wieder als die offizielle Geschichtsschreibung. Sie geben einen authentischen Einblick in den Alltag, die Sorgen und Nöte Einzelner oder ganzer Gruppen und können somit einen Zugang zu konkreten politischen Ereignissen und sozialen Problemen einer bestimmten Zeit erleichtern. Öffentliche Briefe, wie z.B. Leserbriefe, vermitteln viel über die aktuelle Stimmungslage in der Bevölkerung, sie drücken Meinungen und Überzeugungen aus. Sie sind wichtiger Bestandteil der politischen Kultur.
Die Gattung »Briefroman« wurde in Frankreich (Rousseau) und England (Sterne, Richardson) im 18. Jahrhundert ungemein populär. Durch die literarische Strömung der Empfindsamkeit erlebte diese Gattung der »Bekenntnisliteratur« (Tagebuch, Brief, Autobiografie) auch in Deutschland eine weite Verbreitung und erfreute sich großer Beliebtheit. In der Empfindsamkeit (zurückgehend auf den Pietismus, einer religiösen Bewegung im 17. Jahrhundert) wird der Blick des Individuums ins eigene Innere gerichtet, eigene Gefühle sollen anderen mitgeteilt werden, um die eigene und fremde Identität zu erfahren. Im Gegensatz zu privaten Briefen ist der fiktive Briefroman für einen fiktiven, aber auch realen Leser bestimmt, von einem fiktiven Autor verfasst. Der enge Zusammenhang zwischen Form und Inhalt eines Briefromans ist leicht ersichtlich: Die inneren Seelenzustände und Gefühlsregungen eines Ich-Erzählers sollen dargestellt werden; hier bietet sich die intime Form des Briefes als adäquate epische Form an. Er lässt ein hohes Maß an Subjektivität, Unmittelbarkeit und Authentizität zu und die Identifikation des realen Lesers mit dem Briefschreiber ist groß. Die Schreibsituation wird als gegenwärtig empfunden, d.h. die Distanz zwischen dem Akt des Briefschreibens und dem Zeitpunkt des beschriebenen Vorgehens wird aufgehoben.

Konspekt und Exzerpt

Der **Konspekt** (Stichwortauszug) fasst in einem gerafften Überblick die zentralen Informationen eines Sachtextes zusammen wie die Inhaltsangabe bei fiktionalen Texten. Die wesentlichen Aussagen des Textes sollen in knapper und übersichtlicher Form in eigenen Worten dargestellt werden. Wichtige Fachtermini und Definitionen, die für das Verständnis des Textes unbedingt erforderlich sind, werden als Zitate des Originaltextes übernommen.

Das **Exzerpt** hingegen wählt bewusst Informationen eines Textes unter einer bestimmten, vorgegebenen oder selbst gewählten Fragestellung aus und stellt diese in einer knappen Übersicht zusammen.

Leserbrief

Der Leserbrief bildet ein öffentliches Forum der freien Meinungsäußerung, auch wenn jede Zeitung sich das Recht auf Kürzung oder Nichtveröffentlichung vorbehält. Er hat im Wesentlichen folgende Ziele: Hinweis auf einen Missstand, Stellungnahme zu einem aktuellen Thema oder Reaktion auf eine andere bereits publizierte Meinung. Der Verfasser kann sich hierbei auf andere Leserbriefe beziehen, sodass ein öffentlicher Diskurs entsteht. Er wird dabei der dort geäußerten Meinung entweder zustimmen und trägt weitere Argumente und Beispiele bei oder ihr widersprechen, indem er versucht, sie zu widerlegen. Finden sich beide Möglichkeiten, sind solche Briefe meist in der Argumentationsform »zwar…aber« angelegt.

Mind-Map

Mind-Maps visualisieren im Unterschied zu linearen Aufzeichnungen die Vernetzungen von Gedanken. Dabei bedienen Sie sich der flächigen Darstellung von Landkarten. Im Zentrum jeder Mind-Map steht ein Thema, das erarbeitet werden soll. Das können ein Begriff, ein Satz oder auch ein Bild sein. Von diesem Mittelpunkt gehen einzelne Äste ab, die das Thema nach Schwerpunkten unterteilen. Jeder Ast wird mit einem prägnanten Schlüsselwort, einem Bild oder einem aussagekräftigen Symbol versehen. Die einzelnen Äste verzweigen sich weiter und werden möglichst knapp beschriftet oder bebildert. An jeder Stelle können weitere Ideen ergänzt werden. Auf diese Weise entsteht eine vernetzte Gedankenlandkarte. Mind-Maps können sowohl im Rahmen der Ideenfindung als auch zur Erarbeitung von Texten sowie bei der Anfertigung von Mitschriften eingesetzt werden. Mind-Maps können in Einzelarbeit wie auch in Teams erstellt werden.

Referat

Auf die Manuskriptrede sollte man nur in Ausnahmefällen zurückgreifen, wenn es auf genaue Formulierung ankommt.
Der Stichwortzettel ist für die freie Rede besser geeignet, dabei...
– Festhalten von zentralen Begriffen auf nummerierten weißen Karteikarten.
– Einleitungs- und Schlusssatz gehören im Wortlaut auf die erste bzw. letzte Karte.
Klare Gliederung zu Beginn und zwischendurch in Erinnerung rufen.
Einfache Sätze wählen, vor allem Hauptsätze.
Klare anschauliche Wortwahl, die dem Niveau der Zuhörer angemessen ist, d. h. Vermeidung von Modewörtern und Schlagwörtern, Erläuterung der Fachtermini.
Der erste Auftritt ist oft entscheidend, daher...
– mit freundlicher Miene eintreten,
– Zuhörer an der Tür, spätestens am Rednerpult, mit einem Rundblick begrüßen,
– langsam und deutlich den ersten Satz sprechen.
Lampenfieber ist wichtig für die notwendige Spannung jedes Referenten, deshalb
– rechtzeitig eintreffen, da schlechte Zeitplanung Lampenfieber verstärkt,
– Bewusstmachen der eigenen sorgfältigen Vorbereitung hinsichtlich des Themas,
– Vortrag nicht noch einmal kurz vorher durchgehen, dafür lieber an der frischen Luft spazieren gehen,
– Kleidung kurz vor dem Vortrag überprüfen.
Blickkontakt zum Publikum während der Rede halten.
Sprechtempo überprüfen:
– auf Pausen achten, Vermeidung von Füllwörtern wie »äh«, »hm«,
– Variation der Intonation.
Auf Körpersprache achten:
– ruhiges Stehen auf beiden Beinen,
– zurückhaltender Einsatz von Gestik und Mimik.
Faden verloren?
– Wiederholung des letzten Satzes oder Zusammenfassung der letzten Aussagen,
– Anführung eines Beispiels oder Überleitung zum nächsten Thema,
– Einsatz eines visuellen Hilfsmittels oder Eingeständnis, dass man den Faden verloren hat.
Auf Zwischenrufe und Zwischenfragen nicht verärgert oder aggessiv reagieren:
– Beantwortung von Sachfragen sofort oder später im Zusammenhang des Referats,
– unter Umständen Fragenden bitten, aufzustehen und die Frage zu wiederholen.
Die Schlussdiskussion ist nicht die Wiederholung des Referats, sondern dessen Ergänzung.

Rezitation

Kunstvoller Vortrag von literarischen Texten, die sich auch über eine Rezitation inhaltlich erschließen lassen. Dadurch wird eine Kommentierung des Textes ermöglicht durch Hervorhebungen, Betonungs- und Pausenzeichen sowie Anmerkungen zu Tonfall, Sprechtempo und Sprechweise, Gestik und Mimik, Körperhaltungen, Steh- und Gehhaltungen, die man mit Regieanweisungen vergleichen kann. Folgende Aspekte können dabei berücksichtigt werden:

Gestalterisches Mittel	Detail	Zeichen (Vorschläge)
Sinneinheiten	Einteilung eines Textes in Gedanken Gedanken in Sinnschritte einteilen Bei Enjambements Hinauslesen über das Versende	⇓ | ↵
Trennung von Sinneinheiten (Pauseneinsatz)	Kurze Atempause zur Trennung von Sinnschritten Längere Atempause zur Trennung von Gedanken	—||—||
Betonung	Akzentuierung von Silben Akzentuierung von Schlüsselwörtern Aufbau von Spannung	/ ∪ / ∪ ◯
Sprechmelodie	Steigen der Sprechmelodie (Spannungsaufbau) Fallen der Sprechmelodie (Schlussakzent)	↗ ↘
Stimmvolumen	Lautes Sprechen Leises Sprechen Lauter werden (crescendo) Leiser werden (decrescendo) Abwechselnd lautes – leises Sprechen	○ ⊙
Sprechtempo	Schnelles Sprechen Langsames Sprechen Schneller werden (accelerando) Langsamer werden (ritardando)	
Stimmlage / Intonation	Hell – Dunkel Hart – Verschleiert Nasal	
Ergänzungen	Musik Geräusche	

Methodenlexikon

Thesenpapier

Ein Thesenpapier gibt die zentralen Aussagen eines Textes wieder oder fasst die Meinung des Referenten zu einem Thema zusammen.
Das Thesenpapier steht entweder zu Beginn des Textes oder Referats und der Autor führt seine Thesen weiter aus, indem er sie mit Argumenten begründet und mit Beispielen belegt, oder es steht am Schluss des Textes oder Referats als knappe Zusammenfassung der zentralen Aussagen, um einen Überblick zu geben, beziehungsweise eventuelle Fragen besser klären zu können. Dies sollte zu Beginn der Ausführungen bekannt gegeben werden.
In einer Diskussion kann ein solches Papier durch die Zuspitzung auf die wesentlichen kontroversen Argumente das Gespräch in Gang setzen. Es sollte deshalb
– durchaus einseitig sein,
– das Thema oder Problem klar definieren,
– eine eigene Bewertung des Themas geben,
– die eigene Position klar artikulieren,
– mit Fakten aus zuverlässigen Quellen belegen und mit Beispielen veranschaulichen,
– die gegnerische Position entkräften, indem man ihre Fehlerhaftigkeit und Widersprüchlichkeit nachweist.

Wandzeitung

Wandzeitungen können im Wesentlichen drei Funktionen haben, die häufig vermischt werden:
Als **Informationswand** dient sie der gezielten Visualisierung von Informationen und kann Texte, Fotos, Bilder und Grafiken beinhalten. Damit die Neugierde der Adressaten geweckt wird, muss die Wandzeitung besonders gestaltet sein, d. h.
– das Thema muss deutlich erkennbar sein,
– die Informationen müssen ansprechend präsentiert sein: Texte nicht zu lang und gut lesbar; Grafiken, Bilder und Fotos lockern die Wandzeitung auf, Symbole erleichtern die Aufnahme von Informationen.
Als **Ergebniswand** ermöglicht sie das Festhalten der Ergebnisse einer Gruppenarbeit oder Diskussionsrunde und die Präsentation dieser Ergebnisse im Plenum. Um einen Vergleich zwischen mehreren Gruppenarbeiten zu ermöglichen, sollte vor Erstellung der Wandzeitung eine gemeinsame Gliederung erarbeitet werden. Da sich im Allgemeinen nur Stichworte und einzelne Begriffe auf der Wandzeitung befinden, ist eine Erläuterung oder Kommentierung notwendig.
Auf einer **Meinungswand** können persönliche Stellungnahmen und Äußerungen der Kursteilnehmer festgehalten werden. Sie sollte einen zentralen Platz im Kursraum einnehmen und für alle zugänglich sein.

Methodenregister

Analyse dramatischer Texte
• Dialog 42
• klassischen Drama **27**
Analyse epischer Texte
• Innere Vorgänge **67**, 73, 77, 81
• Innerer Monolog 67
Analyse von Film 58
• Leitmotiv **59**
Analyse lyrischer Texte
• Klangcharakter **69**
Analyse von Sachtexten 23, 109
• Sachtexte lesen und erfassen **99**
• Sachtexte verfassen **50**
• quote story 50
• Textdesign **109**
Appellative Texte produzieren 116
Arbeitsmappe **79**
Automatisches Schreiben 90

Bildimpulse 58
Biografisches Schreiben **17**
Brainstorming 31, **118**
Briefe 19, **118**

Denkmal-Rallye 33

Epochenbegriffe untersuchen 40, 47, 51, **52**
Erörterung 39, 79, 87, 109, 115, 116
Expertengruppen **20**, 54
Exposé **95**
Exzerpt **119**

Flussdiagramm 67

Gestaltendes Interpretieren 12, 47, 77

Hyperfiction entwerfen 112

Informationsplakat **92**, 113, 116

Konspekt 75, **119**

Leitmotiv **59**
Lerntagebuch **43**
Leserbrief **119**
Literarhistorische Recherche 7

Material-gestützte Projektion 10
Metapherndeutung 24
Motiv/Figuren-Vergleich 82, 84, 105
Multimedia-Show 52

Paralleltexte verfassen 15, 45, 105
Paraphrase 9
Paratexte untersuchen 84
Parodien **36**, 37, 85
Podiumsdiskussion 113

Referat 44, **120**, 105
Reflexives Schreiben 39, 102
Rezitation 19, **121**, 69

Schreibanregungen sammeln **89**
Sprachanalyse 71, 72, 73, 75, 77, 84
Stiluntersuchung 29, 97
Szenische Darstellung 45
Szenisches Interpretieren 29
Szenisches Sprechen 25

Text-Bild-Collage 52
Textmontage 854
Texttransformation 69
Textvergleich 32, 35, 61, 91, 95
Thesenpapier 25, **122**

Wandzeitung 39, 79, **122**

Zeitleiste 43

Sachregister

Absender 19
Adressat 19, 50, 71
Anlass 35, 50
Appell 41
Archiv 17
Argumentation 41
Aufklärung 52
Autorenlesung 113

Barock 52
Bedeutungsentwicklung 115
Bestenliste 113
Bewusstseinsstrom 67
Bibliothek 20, 113
Biedermeier 52
Bildfolge 47
Bildmaterial 50
Blankvers 27
Buchbeilage 113
Buchbesprechung 113
Buchmesse 113

Cover 84

Dada 52, 68, 69
Denkmal 33
Dialog 27
Dialogführung 41
Dingsymbol 59
Direkte Rede 67
Distichon 22
Dramatische Spannung 27
Dramatische Steigerung 25
Dramatischer Konflikt 27
Dreistufigkeit 27

Effektgeräusch 59
Einakter 65
Einheit von Handlung, Ort und Zeit 27
Entstehungszeit 43
Epischer Bericht 81
Epoche 30, 31, 40, 52
Epochenbegriff 52
Er-Erzähler 67
Erlebte Rede 67, 81
Erzählerstimme 59
Erzählhaltung 102
Erzählsituation 67
Exposition 27
Expressionismus 52

Fallende Handlung 27
Feuilleton 113
Figur 27, 58, 59
Fiktionalität 63

Film 59
Fin de siècle 52
Fünfstufiger Aufbau 27

Gegenwartsroman 82
Geschehen 84
Gesprächspartner 16
Gesprächsposition 102
Großstadtroman 80

Handlung 16, 66
Handlungsablauf 84, 105, 112
Handlungssituation 112
Handlungsteil 59
Held 27
Hexameter 22
Historismus 52
Höhepunkt 27
Homepage 11
Hyperfiction 112
Hyperlink-Struktur 11
Hypertext 11, 112
Hypothese 9

Ich-Erzähler 67, 84, 99, 105
Impressionismus 47
Indirekte Rede 67
Innerer Monolog 67, 81, 105
Intention 35, 36, 50, 99
Internet 7, 11, 17, 20, 113, 115
Interpretationshypothese 84
Ironie 36

Jambus 27
Jugendstil 51, 52

Kamera 59
Katastrophe 27
Kernaussage 92
Klang 69
Klangmalerei 69
Klangmusikalität 69
Klangsymbolik 69
Klappentext 84
Klassik 30, 32, 52
Klassiker 39
Kolumne 89
Kommentar 109
Kommunikation 19
Konflikt 27
Kontextuierung 59
Kubismus 52

Leitmotiv 59
Leseprozess 99
Lexikon 7, 15, 54

Link 11
Literarische Werkstätten 113
Literaturbetrieb 45
Literaturgeschichte 7
Literaturhaus 113
Literaturkritik 113
Literaturpräsentation 113
Literaturpreis 113
Literaturverfilmung 113
Literaturzeitschrift 113

Makrostruktur 109
Medienbeitrag 89
Medium 50
Metapher 24
Modewort 115, 116
Monolog 27, 67
Motiv 59, 82

Naturalismus 52
Neoklassik 52
Neoromantik 52
Neue Sachlichkeit 52
Neutraler Erzähler 67

Pentameter 22
Peripetie 27
Personaler Erzähler 67
Personenverzeichnis 16
Perspektive 58, 59, 67, 91
Point of view 67
Pop-Literaten 105
Pop-Literatur 105
Postmoderne 82
Printmedium 113
Protagonist 82, 84, 105

Quelle 17
Quote story 50

Raum 105
Realität 63
Realismus 52
Redeposition 35
Regieanweisung 27, 41
Reimschema 36
Reimwort 36
Renaissance 52
Rhetorische Mittel 35
Rhythmus 36
Romantik 30, 31, 52
Romantisch 31

Schlüsselbild 59
Schlüsselereignis 59
Schlüsselwort 44, 59, 99

Scriptwriter 112
Secessionist 51
Sie-Erzähler 67
Site-Map 11
Soundtrack 59
Sprache 50, 73, 75
Sprachgebrauch 116
Sprachkritik 72
Spott 36
Startseite 11
Statistik 109
Stichomythie 27
Stichwortkatalog 20
Strömungen 51
Sturm und Drang 52
Surrealismus 52
Symbolismus 52
Szene 27, 29
Szenische Aktion 27
Szenisches Erzählen 67

Talkshow 113
Textaufbereitung 109
Textkomposition 50
Textmontage 85
Textteile 41, 85
Textumfeld 116
Theater 113
Titel 65
Transformation 59
Trendwort 116

Übersetzung 79
Umkehrung 59
Unterrichtssequenz 20
Unterrichtsstunde 20

Versmaß 26
Vormärz 52

Wahrnehmungsmöglichkeit 6!
Wiederholung 59
Wortbeleg 116
Wortwahl 84, 92, 93

Zeit 17, 84, 105, 115
Zeitdeckung 27
Zeitsprung 27
Zitat 82, 84

Autoren- und Quellenverzeichnis

[R] = Texte stehen in alter Rechtschreibung

Altenberg, Peter – eigtl. Richard Engländer – (1859 – 1919): *Kaffeehaus, S. 45.* Aus: Vita ipsa. Berlin: S. Fischer Verlag 1918. Zitiert nach: Das Wiener Kaffeehaus. Hrsg. Von Hans-Jürgen Heering. Frankfurt a. M.: Insel 1993. S. 53.
Sonnenuntergang im Prater, S. 46. Aus: Sonnenuntergang im Prater. Stuttgart: Reclam 1968. S. 3.

Andreas-Salomé, Lou (1861 – 1937): *Lebensrückblick, S. 60.* Aus: Lebensrückblick. Grundriss einiger Lebenserinnerungen. Frankfurt a.M.: Insel 1968. S. 79f.

Appel, Sabine (1967): *Geselliges Treiben in Weimar, S.12.* Aus: Im Feengarten. Goethe und die Frauen. Stuttgart: DVA 1998. S. 166f.

Arjouni, Jakob (1964): *Fred is in town!, S. 82.* Aus: Magic Hoffmann. Roman. Zürich: Diogenes 1996. S. 53ff.

Ball, Hugo (1886 – 1927): *Karawane, S. 68.* In: Dada Almanach. Hrsg. Von Richard Huelsenbeck. Neudruck. Hamburg: Edition Nautilus 1987. S. 53.

Baumann, Antje (1967); Reiher, Ruth (1938): *»Wendedeutsch«, S. 98.* Aus: Mit gespaltener Zunge? Die deutsche Sprache nach dem Fall der Mauer. Hrsg. v. Ruth Reiher und Antje Baumann. Berlin: Aufbau Taschenbuch Verlag 2000. S. 7ff.

Berkenheger, Susanne: *Der mausgesteuerte Autor, S. 111.* Aus: Hyperfiction. Hyperliterarisches Lesebuch: Internet und Literatur. Hrsg. v. Beat Suter und Michael Böhler. Basel/Frankfurt a.M.: Stroemfeld 1999. S. 207.

Bernhard, Thomas (1931 – 1989): *Heldenplatz, S. 42.* Aus: Heldenplatz. In: Spectaculum 49. Sechs moderne Theaterstücke. Frankfurt a.M.: Suhrkamp 1989. S. 47. [R]

Braun, Volker (1939): *Das Eigentum, S. 94.* Aus: Lustgarten Preußen. Ausgewählte Gedichte. Frankfurt a.M.: Suhrkamp 1996. S. 140. [R]

Brückner, Christine (1921): *Ich wär Goethes dickere Hälfte, S. 14.* Aus: Wenn du geredet hättest, Desdemona. Ungehaltene Reden ungehaltener Frauen. Hamburg: Hoffmann & Campe. Zitiert nach Lizenzausgabe Bertelsmann, Gütersloh o.J. S. 7ff.

Büchner, Georg (1813 – 1837): *Dantons Tod, S. 28.* Aus: Dantons Tod. Ein Drama. Stuttgart: Reclam 1989. S. 52ff.

Burmeister, Brigitte (1940): *Das große Fest, S. 78.* Aus: Unter dem Namen Nora. Stuttgart: Klett Cotta 1994. S. 21ff.

Carstens, Karl (1914 – 1992): *Zum 150. Todestag, S. 34.* Hrsg. von der Bundeszentrale für politische Bildung. Sonderdruck. Bamberg: St. Otto Verlag 1982.

Damm, Sigrid (1940): *Christiane und Goethe, S. 13.* Aus: Christiane und Goethe. Eine Recherche. Frankfurt a.M. und Leipzig: Insel 1998. S. 275, 281f.

Döblin, Alfred (1878 – 1957): *Berlin Alexanderplatz, S. 80.* Aus: Berlin Alexanderplatz. München: Deutscher Taschenbuch Verlag 1965. S. 8ff. © Walter-Verlag AG, Olten

Freud, Sigmund (1856 – 1936): *Brief an Arthur Schnitzler, 54.* Aus: Guiseppe Farese. Arthur Schnitzler. Ein Leben in Wien 1862-1931. München: Beck 1999. S. 233f.
Traumdeutung, S. 53. Aus: Gesammelte Werke II/III. London: Imago-Publishing 1942. Frankfurt a.M.: Fischer. S. 128f., 149, 151, 166, 401.

Gernhardt, Robert (1937): *Erich Kästner. Wiedergelesen: »Besuch vom Lande«, S. 85.* Aus: In Zungen reden. Stimmenimitationen von Gott bis Jandl. Frankfurt: Fischer 2000. S. 152f.
Unworte, Optisch, S. 37. Aus: In Zungen reden. Stimmenimitationen von Gott bis Jandl. Frankfurt a.M.: Fischer 2000.

Goethe, Johann Wolfgang von (1749 – 1832): *An Merck, S. 10.* Aus: Sämtliche Werke, Briefe, Tagebücher und Gespräche. Band 29. Frankfurt a.M.: Deutscher Klassiker Verlag 1987. S. 17f.
Briefwechsel, S. 18. Aus: Emil Staiger (Hrsg.). Der Briefwechsel zwischen Schiller und Goethe. Frankfurt a.M.: Insel 1966. S. 183, 404f.
Iphigenie auf Tauris, S. 26. Aus: Sämtliche Werke in 18 Bänden. Nachdruck der Artemis-Gedenkausgabe. Band 6. Zürich: Ex Libris 1979. S. 162f.
Urworte, Orphisch, S. 37. Aus: Sämtliche Werke in 18 Bänden. Nachdruck der Artemis-Gedenkausgabe. Band 1. Zürich: Ex Libris 1979. S. 523f.
Venezianische Epigramme, S. 21. Sämtliche Werke in 18 Bänden. Nachdruck der Artemis-Gedenkausgabe. Band 1. Zürich: Ex Libris 1979. S. 233.
Xenien, S. 22. Aus: Sämtliche Werke in 18 Bänden. Nachdruck der Artemis-Gedenkausgabe. Band 2. Zürich: Ex Libris 1979. S. 455, 474, 487, 499.

Grass, Günter (1927): *Späte Sonnenblumen, S. 94.* Aus: Novemberland. 13 Sonette. Göttingen: Steidl Verlag 1993. [R]

Hacks, Peter (1928): *Ein Gespräch im Hause Stein über den abwesenden Herrn Goethe, S. 16.* Aus: Ein Gespräch im Hause Stein über den abwesenden Herrn Goethe. Hamburg: Edition Nautilus 1999.

Hardenberg, Friedrich von – Novalis – (1772 – 1801): *Glauben und Liebe, S. 32.* Aus: Fragmente und Studien. Die Christenheit oder Europa. Hrsg. von Carl Paschek. Stuttgart: Reclam 1984. S. 48f.
»Wenn nicht mehr Zahlen und Figuren...«, S. 31. Aus: Schriften in vier Bänden. Hrsg. von P. Kluckhohn. Band 1. Stuttgart: Kohlhammer 1977. S. 344.

Hein, Christoph (1944): *Wiedersehen mit ehemaligen Kollegen, S. 96.* Aus: Willenbrock. Roman. Frankfurt a.M.: Suhrkamp 2000. S. 104ff.

Hoffmann, Hans-Joachim: *Werk und Vermächtnis, S. 34.* Aus: Einheit. Zeitschrift für Theorie und Praxis des wissenschaftlichen Sozialismus. Hrsg. ZK der SED. Berlin 1982. S. 520ff.

Autoren- und Quellenverzeichnis

Hofmannsthal, Hugo von (1874 – 1929): *Der Brief des Lord Chandos*, S. 70. Aus: Gesammelte Werke in Einzelausgaben. Prosa II. Frankfurt a. M. : Fischer 1977. S. 7f.
Der Ersatz für die Träume, S. 63. Aus: Gesammelte Werke in Einzelausgaben. Prosa IV. Frankfurt a. M.: Fischer 1977. S. 44f.
Siehst du die Stadt?, S. 42. Aus: Gedichte und lyrische Dramen. Frankfurt a. M.: Fischer 1970. S. 471f.

Horváth, Ödön von (1901 – 1938): *Geschichten aus dem Wienerwald*, S. 74. Aus: Geschichten aus dem Wienerwald. Frankfurt a.M.: Suhrkamp 1994. S. 37f. [R]

Illies, Florian (1971): *Generation Golf*, S. 104. Aus: Generation Golf. Berlin: Argon 2000. S. 193ff.

Jandl, Ernst (1925 – 2000): *wien: heldenplatz*, S. 68. Aus: lechts und rinks. München: Luchterhand 1995. S. 18.

Kaminer, Wladimir (1966): *Geschäftstarnungen*, S. 88. Aus: Russendisko. München: Goldmann 2000. S. 97ff.

Keun, Irmgard (1905 – 1982): *Das kunstseidene Mädchen*, S. 83. Aus: Das kunstseidene Mädchen. Düsseldorf: Claassen 1979. S. 68f.

Königsdorf, Helga (1938): *Der Geruch des Westens*, S. 93. Aus: Gleich neben Afrika. Berlin: Rowohlt 1992. S.12ff.

Kracht, Christian (1966): *Faserland*, S. 103. Aus: Faserland. Roman. Köln: Kiepenheuer & Witsch 1995. S. 9f. u. 18f.

Kraus, Karl (1874 – 1936): *Die letzten Tage der Menschheit*, S. 72. Aus: Die letzten Tage der Menschheit. Tragödie in fünf Akten mit Vorspiel und Epilog. Frankfurt a.M.: Suhrkamp 1986. S. 256.

Kunze, Reiner (1935): *Die mauer*, S. 91. Aus: Grenzfallgedichte. Hrsg. v. Anna Chiarloni und Helga Pankoke. Berlin und Weimar: Aufbau Verlag 1991. [R]

Mach, Ernst (1838 – 1916): *Antimetaphysische Vorbemerkungen*, S. 65. Aus: Die Analyse der Empfindungen und das Verhältnis des Physischen zum Psychischen. Jena: Fischer 1904. S. 1f.

Maron, Monika (1941): *Eigentlich sind wir nett*, S. 86. Aus: Kursbuch 137. Berlin. Metropole. Hrsg. v. Karl Markus Michel, Ingrid Karsunke und Tilman Spengler. Berlin: Rowohlt Berlin Verlag GmbH 9/1999. S. 2ff.

Morgenstern, Christian (1871 – 1914): *Das große Lalula*, S. 68. Aus: Alle Galgenlieder. Leipzig und Weimar: Kiepenheuer 1990. S. 19.

Musil, Robert (1880 – 1942): *Die Verwirrungen des Zöglings Törleß*, S. 73. Aus: Die Verwirrungen des Zöglings Törleß. Reinbek: Rowohlt 1978. S. 8f.

Nooteboom, Cees (1933): *Berliner Notizen*, S. 91. Aus dem Niederländischen von Rosemarie Still. Aus: Berliner Notizen. Frankfurt: Suhrkamp 1991. S. 313.

Ortner, Lorelies: *Mikrosprachgeschichte 2000*, S. 116. Die Präsentation der Welt aus der Milleniumsperspektive. Aus: Der Deutschunterricht 1/2001.

Sprache und Kulturgeschichte. Hrsg. V. Dieter Cherubim u.a. S. 34ff.

Polgar, Alfred (1875 – 1955): *Theorie des Café Central*, S. 48. Aus: Kleine Schriften 4. Reinbek 1984. S. 154ff.
© 1984 by Rowohlt GmbH, Reinbek

Roth, Joseph (1894 – 1939): *Radetzkymarsch*, S. 44. Aus: Radetzkymarsch. Köln: Kiepenheuer & Witsch. S. 197f.

Salten, Felix (1869 – 1947): *Aus den Anfängen*, S. 45. Aus: Aus den Anfängen. Erinnerungsskizzen. In: Jahrbuch deutscher Bibliophilen und Literaturfreunde. Jg. 18/19 (1923/33). Berlin / Wien / Leipzig: Paul Zsolnay 1933. S. 31 – 46. Abdruck mit freundlicher Genehmigung von Veith Wyler, Zürich. In: Das Wiener Kaffeehaus. Hrsg. Von Hans-Jürgen Heering. Frankfurt a. M.: Insel 1993. S. 53.

Saurma, Charlotte (1946): *Nacht der Illusionen*, S. 49. Aus: Merian Wien. November 1990. Hamburg: Hoffmann und Campe 1990. S. 36f.

Schädlich, Hans Joachim (1935): *Ostwestberlin*, S. 90. Aus Ostwestberlin. Prosa. Reinbek: Rowohlt 1/1987.

Schiller, Friedrich (1759 – 1805): *Brief an den Prinzen Friedrich Christian von Schleswig-Holstein-Sonderburg-Augustenburg*, S. 23. Aus: Walter Hoyer. Schillers Leben dokumentarisch in Briefen, zeitgenössischen Berichten und Bildern. Köln: Kiepenheuer & Witsch 1967. S. 430ff.
Das Lied von der Glocke, 24. Aus: Sämtliche Werke in fünf Bänden. Band III. München: Winkler Verlag 1968. S. 363f.
Don Carlos, S. 25 und S. 41. Aus: Sämtliche Werke in fünf Bänden. Band I. München: Winkler Verlag 1968. S. 506, 511f.
Würde der Frauen, S. 38. Aus: Sämtliche Werke in fünf Bänden. Band III. München: Winkler Verlag 1968. S. 164.

Schlegel, August Wilhelm (1767 – 1845): *Schillers Lob der Frauen*, S. 38. Aus: Athenaeum. Eine Zeitschrift von A.W. und F. Schlegel. Leipzig: Reclam 1984. S. 425.

Schlegel, Friedrich (1772 – 1829): *Athenaeums-Fragmente*, S. 32. Aus: A.W. und F. Schlegel. Athenaeum. Zitiert nach: Friedrich Eberle, Theo Stammen (Hrsg.). Die Französische Revolution in Deutschland. Zeitgenössische Texte deutscher Autoren. Stuttgart: Reclam 1989. S. 277f.

Schnitzler, Arthur (1862 – 1931): *Episode*, S. 64. Aus: Anatol. In: Arthur Schnitzler. Gesammelte Werke. Die Dramatischen Werke. Erster Band. Frankfurt a.M.: S. Fischer 1962.
Fräulein Else, S. 77. Aus: Casanovas Heimfahrt. Erzählungen. Frankfurt a.M.: S. Fischer 1973.
Leutnant Gustl, S. 66. Aus: Meistererzählungen. Frankfurt a.M.: S. Fischer 1981. S. 149f.
Traumnovelle, S. 55. Aus: Traumnovelle. Frankfurt a.M.: S. Fischer 1999. 8. Auflage. S. 49f. und S. 158f.

Schubart, Christian Friedrich Daniel (1739 – 1791): *O Freiheit, Freiheit!*, S. 21. Aus: Werke in einem Band. Berlin / Weimar: Aufbau 1959. S. 326.

Schulze, Ingo (1962): *Simple Stories*, S. 100. Aus: Simple Stories. Ein Roman aus der ostdeutschen Provinz. Berlin: Berlin Verlag 1998. S. 143ff.

Seibt, Gustav: *Aussortieren, was falsch ist*, S. 106. Aus: Die Zeit Nr. 10 2000.

Spittler, Horst: *Romantik*, S. 30. Aus: Literaturepochen in der Sekundarstufe II. Hannover: Schroedel Verlag GmbH 1990. S. 135ff.

Staël, Germaine de (1766 – 1817): *Weimar*, S. 8. Aus: Über Deutschland. Aus dem Französischen von Robert Habs. München: Borowsky o.J. S. 73ff.

Suter, Beat (1962); Böhler, Michael (1940): *Was sind Hyperfictions?*, S. 110. Aus: Hyperfiction. Hyperliterarisches Lesebuch: Internet und Literatur. Basel und Frankfurt/M.: Stroemfeld 1999. S. 14ff.

Weck, Roger de (1953): *Ein Lob auf die Einheit*, S. 117. Aus: Zehn Jahre Wiedervereinigung – ein ganz normales Land. In: Die Zeit Nr. 10 2000.

Wittgenstein, Ludwig (1889 – 1951): *Tractatus logico-philosophicus*, S. 75. Aus: Tractatus logico-philosophicus. Frankfurt a.M.: Suhrkamp 1999. S. 89f.

Wolf, Christa (1929): *Prinzip Hoffnung*, S. 94. Aus: Von einem Land und vom andern. Gedichte zur deutschen Wende. Hrsg. v. Karl Otto Conrady. Frankfurt a.M.: Suhrkamp 1993. S.134. (© bei der Autorin) [R]

Yalom, Irvin D.: *Und Nietzsche weinte*, S. 60. Aus: Und Nietzsche weinte. Ins Deutsche übertragen von Uda Strätling. Hamburg: Ernst Kabel 1994.

Zweig, Stefan (1881 – 1942): *Die Welt von gestern*, S. 42. Aus: Die Welt von gestern. Frankfurt a. M.: Fischer 1968. S. 23.

Texte ohne Verfasserangabe und Texte unbekannter Verfasser

Wohin in Weimar, S. 10. Aus: Thomas Kopfermann, Dietrich Steinbach: Epochenzentrum Weimar – Jena. Leipzig: Klett 1999. S. 59f.

Bildquellenverzeichnis

6, 7: Stiftung Weimarer Klassik
9: Stiftung Weimarer Klassik
11: Verkehrsbetrieb Weimar GmbH
12: Stiftung Weimarer Klassik, Foto: Sigrid Geske
15: AKG, Berlin
16: Staatsschauspiel Dresden, Foto: Erwin Döring
18: Stiftung Weimarer Klassik, Foto: Sigrid Geske
19: Stiftung Weimarer Klassik
20: AKG, Berlin
21: AKG, Berlin
24: Stiftung Weimarer Klassik
28: Stiftung Weimarer Klassik
29: Theatermuseum Düsseldorf, Foto: Lore Bermbach
32 oben: AKG, Berlin
32 unten: AKG, Berlin
33 links: Stiftung Weimarer Klassik, Foto: Sigrid Geske
33 rechts: Sammlung Gedenkstätte Buchenwald, Foto: Gabriele Krynitzki
38: Bildarchiv Preußischer Kulturbesitz
39: Aus: Gymnasium Baden-Württemberg 9/1999, Nachrichten PROFIL
40 oben re.: AKG, Berlin
40 unten re.: AKG, Berlin
40 unten li.: Stiftung Weimarer Klassik
42: AKG, Berlin (Hintergrund); Bildarchiv Preußischer Kulturbesitz, Foto: Alfredo Dagli Orti (Vordergrund)
48: AKG, Berlin
50: AKG, Berlin
51 oben: Oeffentliche Kunstsammlung Basel, Kunstmuseum; Foto: Martin Bühler
53: Aus: dtv portrait: Peter Schneider: Sigmund Freud © Deutscher Taschenbuch Verlag GmbH & Co. KG, München 1999
54: AKG, Berlin
58 links: © S. Fischer Verlag GmbH, Frankfurt am Main 1961
58 rechts: pwe Verlag GmbH, Kinoarchiv Hamburg
60: AKG, Berlin
62: Aus: Merian 11/43, Fotos: AKG, Berlin (6), Bildarchiv Preußischer Kulturbesitz (10), Südd. Verlag (18), Bildarchiv der Österr. National-Bibliothek (7), Archiv Christian Brandstätter (2)
68: VG Bild-Kunst, Bonn 2001
76: AKG, Berlin
78: Christo and Jeanne-Claude, Wrapped Reichstag, Berlin 1971–95, W. Volz, Bilderberg (Vordergrund); Bildarchiv Preußischer Kulturbesitz, Foto: H. Hoeffke (Hintergrund)
83: Bildarchiv Preußischer Kulturbesitz
84: Alfred Döblin. Berlin Alexanderplatz. Umschlagbild von Celestino Piatti. Erschienen im Deutscher Taschenbuch Verlag, München
88: Ludwig Forum für Internationale Kunst, Aachen, Sammlung Ludwig, Fotografin: Anne Gold
90: AKG, Berlin
91: Bildarchiv Preußischer Kulturbesitz, Foto: Dietmar Katz
92: AKG, Berlin
94: © Tomi Ungerer
101: Ludwig Forum für Internationale Kunst, Aachen, Sammlung Ludwig, Fotografin: Anne Gold
105: Jens Neumann, Berlin
113 oben links: Fotoagentur Zentralbild GmbH
113 unten: Fotoagentur Zentralbild GmbH
113 oben rechts: ZDF, Mainz
115: W. Dietl/CCC,www.c5.net

Trotz intensiver Nachforschung ist es uns in einigen Fällen nicht gelungen, die Rechteinhaber zu ermitteln. Wir bitten diese, sich mit dem Verlag in Verbindung zu setzen.

Textsortenverzeichnis

Autobiografische Texte
42 S. Zweig: Die Welt von gestern
45 F. Salten: Aus den Anfängen
60 L. Andreas-Salomé: Lebensrückblick

Balladen
24 F. Schiller: Das Lied von der Glocke

Biografische Texte
12 S. Appel: Geselliges Treiben in Weimar
13 S. Damm: Christiane und Goethe
14 C. Brückner: Ich wär Goethes dickere Hälfte

Briefe
10 Goethe an Merck
18 Briefwechsel
23 F. Schiller: Brief an den Prinzen
54 S. Freud: Brief an Arthur Schnitzler
70 H. v. Hofmannsthal: Brief des Lord Chandos

Dramen / Dramatische Texte
16 P. Hacks: Ein Gespräch im Hause Stein
25 F. Schiller: Don Carlos
26 J. W. v. Goethe: Iphigenie auf Tauris
28 G. Büchner: Dantons Tod
41 F. Schiller: Don Carlos
42 T. Bernhard: Heldenplatz
72 K. Kraus: Die letzten Tage der Menschheit
74 Ö. v. Horvath: Geschichten aus dem Wienerwald

Einakter
64 A. Schnitzler: Episode

Epigramme
21 J. W. v. Goethe: Venezianische Epigramme
22 J. W. v. Goethe: Xenien

Erzählungen
66 A. Schnitzler: Leutnant Gustl
77 A. Schnitzler: Fräulein Else
90 H. J. Schädlich: Ostwestberlin

Essays
48 A. Polgar: Theorie des Café Central

Gedichte
21 C. F. D. Schubart: O Freiheit, Freiheit!
31 F. v. Hardenberg: »Wenn nicht mehr Zahlen und Figuren...«
36 J. W. v. Goethe: Wandrers Nachtlied
37 J. W. v. Goethe: Urworte, Orphisch
38 F. Schiller: Würde der Frauen
42 H. v. Hofmannsthal: Siehst du die Stadt?
45 P. Altenberg: Kaffeehaus
68 H. Ball: Karawane
68 e. jandl: wien: heldenplatz
68 C. Morgenstern: Das große Lalula
91 R. Kunze: Die mauer
94 V. Braun: Das Eigentum
94 G. Grass: Späte Sonnenblumen
94 C. Wolf: Prinzip Hoffnung

Glossen
88 W. Kaminer: Geschäftsarnungen

Kurzprosa
46 P. Altenberg: Sonnenuntergang im Prater

Lieder
42 Heurigenlied

Notizen
91 C. Nooteboom: Berliner Notizen

Novellen
55 A. Schnitzler: Traumnovelle

Parodien
37 R. Gernhardt: Unworte, Optisch
38 A.W. Schlegel: Schillers Lob der Frauen
85 R. Gernhardt: Erich Kästner – Wiedergelesen

Philosophische Texte
65 E. Mach: Antimetaphysische Vorbemerkungen
75 L. Wittgenstein: Tractatus logico-philosophicus

Poetologische Texte
30 H. Spittler: Romantik

Reden
34 K. Carstens: Zum 150. Todestag
34 H.J. Hoffmann: Werk und Vermächtnis Goethes

Reiseberichte
8 G. de Staël: Weimar
86 M. Maron: Eigentlich sind wir nett

Romane
12 S. Appel: Geselliges Treiben in Weimar
44 J. Roth: Radetzkymarsch
60 I. D. Yalom: Und Nietzsche weinte
73 R. Musil: Die Verwirrungen des Zöglings Törleß
78 B. Burmeister: Das große Fest
80 A. Döblin: Berlin Alexanderplatz
81 J. Arjouni: Fred is in town!
82 I. Keun: Das kunstseidene Mädchen
93 H. Königsdorf: Der Geruch des Westens
96 C. Hein: Wiedersehen mit ehemaligen Kollegen
100 I. Schulze: Simple Stories
103 C. Kracht: Faserland

Sachtexte / Informationstexte
10 Wohin in Weimar
13 S. Damm: Christiane und Goethe
32 F. v. Hardenberg: Glauben und Liebe
32 F. Schlegel: Athenaeums-Fragmente
49 C. v. Saurma: Nacht der Illusionen
53 S. Freud: Traumdeutung
63 H. v. Hofmannsthal: Der Ersatz für die Träume
98 R. Reiher / A. Baumann: »Wendedeutsch«
104 F. Illies: Generation Golf
106 G. Seibt: Aussortieren, was falsch ist
110 B. Suter / M. Böhler: Hyperfictions
111 S. Berkenheger: Der mausgesteuerte Autor
114 L. Ortner: Millennium
117 R. de Weck: Ein Lob auf die Einheit

Zeitungstexte
106 G. Seibt: Aussortieren, was falsch ist
117 R. de Weck: Ein Lob auf die Einheit